故影遗存

图解天津人文史

白文源 编著

科学出版社

北京

图书在版编目（CIP）数据

故影遗存：图解天津人文史/ 白文源编著. —— 北京：科学出版社，2010
ISBN 978-7-03-029550-7

Ⅰ.①故… Ⅱ.①白… Ⅲ.①文化史-天津市-图解 Ⅳ.①K292.1-64

中国版本图书馆CIP数据核字（2010）第225012号

责任编辑：宋小军/ 责任校对：宋玲玲
责任印制：赵德静/ 封面设计：谭 硕

科 学 出 版 社 出版

北京东黄城根北街16号
邮政编码：100717
http://www.sciencep.com

北京市京津彩印有限公司印刷
科学出版社发行 各地新华书店经销

＊

2011年1月第 一 版 开本：889×1194 1/16
2011年1月第一次印刷 印张：14
印数：1-1 500 字数：360 000

定价：200.00元
（如有印装质量问题，我社负责调换）

目 录

序 ……………………………………………………………………… i

绪论 …………………………………………………………………… ii

第一章　政治篇 …………………………………………………… 001

第二章　经济篇 …………………………………………………… 027

第三章　军事篇 …………………………………………………… 049

第四章　教育篇 …………………………………………………… 077

第五章　建筑篇 …………………………………………………… 099

第六章　文化篇 …………………………………………………… 123

第七章　艺术篇 …………………………………………………… 147

第八章　宗教篇 …………………………………………………… 167

主要参考文献 ……………………………………………………… 187

插图索引 …………………………………………………………… 190

后记一　历史就像在雨中 ………………………………………… 199

后记二 ……………………………………………………………… 200

故影遗存

图解天津人文史

天津人文是一个说不完的话题，天津的人文特征是一个说不清的难题。有人讲"没特点是天津人文的特点"，有人讲"天津人文的特点就是杂"，也有的把人文特点简单地解释为经济的附属物，于是出现盐文化、码头文化，等等，似乎任何经济现象后面加上文化两字即可。

依我看，对天津人文的探讨，不能光"观察"，还要会"化验"。白文源先生新作《故影遗存——图解天津人文史》把人文分为八个系统，这就为"化验"提供了科目和剖面；用"图说"作为该书的基本叙事手段，这就使读者可以从容地"看片子"，从而更加客观地对天津人文进行思考。

天津人文的纷繁现象肇因于两类城市基因：一是移民。皖北、苏北、华北等八方民众汇集津门，择地而居，以邻为善，绝无保守思想和传统偏见；二是开埠。西方现代文明蜂拥而至，在激活经济的前提下，新的人文理念扑面而来，与天津移民性格不期而遇，成功嫁接。

这两种基因的可融性，带来了中西文化的交汇，农业文明和工业文明的交汇，南北文化的交汇，传统文化和时尚文化的交汇，民俗文化和风雅文化的交汇，陆地文化和海洋文化的交汇。因此，天津人文的定位，已绝非是行业性、区域性的文化概念，而是表现为整个城市多元、包容与开放的人文特征。

形成这样的人文特征，要经过"交汇、融合、升华"三个阶段。"化验"天津人文更应注意它的"升华"，也就是文化现象的"都市化"，这一点尤为重要。研究天津人文并非是寻找"原生态"，而是研究"都市化"的过程，找出我们天津人文的发展规律，所谓的借鉴恐怕贵在于此。

天津市文物鉴定委员会主任　张志

绪 论

人文，是指人类社会各种文化现象的总汇。人文史就是人类社会各种文化现象发生与发展的历史。人文史主要研究政治、经济、军事、思想、教育、科学、法律、建筑、哲学、历史、宗教、文学、美术、电影、音乐、神话、心理、伦理、戏曲、新闻、出版、体育、人权等。天津作为首都北京的东大门，又是中国北方最大的工商业城市和经济中心，曾经在历史上发挥过重要的作用，拥有极其丰厚的历史资源。"以史为鉴，可以知兴替"，研究天津人文史，就是要找出它的发展规律，为现代天津的发展提供借鉴。因篇幅所限，本书分为政治、经济、军事、教育、建筑、文化、艺术、宗教等八篇。

一、天津地区自然地理概况

天津位于华北平原东部，海河流域下游，北依燕山，东临渤海，南北长约186公里，东西宽约101公里，周长919.53公里，其中陆界长766.2公里，海岸线长153.33公里，地理位置在北纬38°34′～40°15′，东经116°43′～118°00′之间，与首都北京同处于国际时区的东8区。

天津土地总面积11919.7平方公里，其中山区面积755平方公里，平原面积11164.7平方公里。

天津的地理环境可归纳为"一湾、一水、片山、二原"。"一湾"即渤海湾；"一水"即天津市地域均在海河水系包围中；"片山"即天津市北部燕山余脉小片山区；"二原"是两片平原，即以（北）京山（海关）铁路天津至塘沽段为界，铁路线以北为冀东平原，以南为冀中平原，两者均属华北平原。

天津虽然地近渤海，但全市气候却属于温带季风型大陆性气候，冬季寒冷，夏日炎热，春秋则很短促。在一年四季中，冬季最长，约为166天；夏季稍短，约为100天；春秋两季仅各占50～55天。与此相对应的是天津全年降水量极不均匀，夏季降水约占全年的70%，易造成河槽漫溢，堤坝时有冲决之虞，致使水患多发；冬季降水只占全年的2%，而春季则时常晴空万里，多干热风，降水量少而蒸发量大，这对于沿海滩涂的晒盐极为有利，但常使禾苗枯萎，农业受损。此种气候特征使得天津历史上经常出现春旱秋涝的灾害。

天津地势总体呈现"北高南低"的态势，状似簸箕，最高处为蓟县下营常州村的九山顶

（海拔高度1078.5米），最低处为大沽口（海拔高度0米）。

天津地处海河流域下游，是海河五大支流（南运河、子牙河、大清河、永定河和北运河）的汇合处和入海口，也是子牙新河、马厂减河、独流减河、永定新河、潮白新河、蓟运河等河流的入海地，故有"九河下梢"、"五河尾闾"之谓。

天津境内探明的矿产资源达36种，其中具有利用价值的矿种有29种，列入国家矿产储量表的有17种，主要为煤、锰、铁、金、石油、天然气等。

天津曾是一片沉寂古老的土地，距今已有11亿年的中上元古界地层广泛分布在天津北部的蓟县大地上，只是在距今4000年前才形成包括市区在内的天津平原。

二、古代天津人文史

天津的人文历史既古老又年轻。说她古老，是因为北部蓟县一带的人类活动可追溯至距今1万年前；说她年轻，是因为市区的人文历史不过700余年。2009年3～5月，考古工作者在蓟县北部地区开展全面的考古调查，共发现距今1万年前的旧石器时期晚期遗存27处，采集到各类石质人工制品近千件，其中包括各种类型的刮削器、尖状器、钻器、砍砸器等，表明这个地区旧石器文化的多样性。这些发现填补了天津作为直辖市区域范围内旧石器文化的空白。

进入新石器时期后，天津北部蓟县地区人类活动逐渐增多，目前主要的发现有青池遗址第一期遗存（距今8000～7000年前）、青池遗址第二期遗存（距今7000~6000年前）和下埝头遗址第一期遗存（距今7000～6000年前）、下埝头遗址第二期遗存（距今6000年前）、围坊遗址一期文化遗存（距今5000年前后）、张家园遗址第一类遗存（距今4500年前后）以及弥勒院遗址（距今4000年前）等。

距今8000～5500年前，渤海内侵，天津境内除蓟县北部地区外全部沉入海底，这次海侵，被称为"天津海侵"。此后不久，受全球气候变冷、海面下降的影响，渤海的海岸线开始后退。在退海成陆的过程中，共发生过4次相对稳定的停顿，每次停顿的时间在1000年左右，由此形成了4道古海岸线的遗迹——贝壳堤。大港区翟庄子附近发现距今4700年前遗留下来的贝壳堤，表明以西地区成陆；东丽区张贵庄、津南区巨葛庄、大港区沙井子一带发现距今3800年前遗留下来的贝壳堤，表明以西地区成陆，天津市区大抵就在这一时期凸出海面成为陆地；东丽区白沙岭和军粮城、津南区西泥沽和邓岑子、大港区上古林和马棚口等地发现距今2600年前遗留下来的贝壳堤，表明以西地区成陆；塘沽区东大沽和高沙岭一带发现距今700年前（即宋、元时期）遗留下来的贝壳堤，表明以西地区成陆。此后，渤海西岸的海岸线基本稳定下来，形成如今的海陆分布形式。

夏、商、西周以及春秋时期，由于天津境内绝大部分地区尚未成陆，因而除蓟县北部地区和宝坻区发现一些遗址和墓葬（如张家园第二类遗址、围坊第二期遗址、围坊第三期遗址和宝坻区牛道口东周墓葬）之外，其他地区尚未发现人类遗存。直到战国时期（公元前475～前221年），天津境内部分地区已经成陆，伴随着经济发展和人口增长，聚落出现了，人类遗存也相应增多。迄今为止，天津近郊已发现战国时期文化遗存23处。秦汉时期，天津地区分属右北平郡、渔阳郡和渤海郡；魏晋南北朝时期，天津地区分属章武郡、浮阳郡。在此期间，法兴寺（俗称北少林寺）在蓟县盘山建成，成为天津地区最早的寺庙。北齐文宣帝天宝年间（550～560年），为抵御北方游牧民族的入侵，北齐王朝开始在蓟县山区修建长城（另一说蓟县长城始建于隋初）。隋唐时期，天津地区分属河间郡、涿郡、渔阳郡、幽州、沧州、蓟州。唐贞观十年（637年），蓟县大佛寺（即独乐寺）建成（后于辽统和二年〈公元984年〉重建）。

宋辽时期，两国以泒水为界河（泒水即今大清河和海河），天津地区被分为南北两部分。界河以北属辽朝幽都府（后改名为"析津府"），界河以南地区属宋朝高阳关路乾宁军。

宋徽宗宣和七年（1125年），辽被金朝所灭。宋钦宗靖康二年（1127年），北宋亦被金朝所灭，天津地区并入金朝版图。

金朝海陵王贞元元年（1153年），金王朝将都城迁至燕京（今北京）。为保障漕运和盐业的安全，大约在金宣宗贞祐年间（1213～1217年），金朝廷在三岔河口地区（今狮子林桥附近）设置"直沽寨"。"寨"为宋朝首设，金朝沿用，为设置于险要之处的基层军事建制。

元朝建立后，亦出于保护漕运和盐业的考

虑，于仁宗延祐三年（1316年）在直沽寨旧址附近设海津镇。"镇"自北魏成为一级军事建制后，历朝历代多有设置，元朝时为屯兵戍守之所。

为祈求神灵保佑漕运安全，延祐七年（1320年）元朝廷在今河东大直沽地区建设"灵慈宫"（即"天妃宫"），后被焚毁。泰定三年（1326年），又在三岔河口地区建起第二座"天妃宫"（即"天后宫"）。这两座天妃宫为天津市区最早的庙宇。

明建文二年（1400年），朱元璋第四子、燕王朱棣发动了旨在争夺皇位的"靖难之役"。同年九月（10月），朱棣率军由通州循河而下，渡直沽，昼夜兼行，随即攻破沧州，从而打通了南下的道路。朱棣所循之河为潞河（北运河），所渡之河为卫河（南运河），其渡河之处即在天津旧城北门外之渡口处。

建文四年（1402年），朱棣攻破南京，夺得帝位，改年号为"永乐"，并将北平更名为北京。朱棣久戍北平，深知直沽之于北京的重要意义。他认为直沽为河、海漕运重要的中转站和南北商贩往来要冲，应设"卫"以戍守。永乐二年十一月二十一日（1404年12月23

日），明朝廷于直沽设天津卫，"天津"从此得名。同年十二月初九（1405年1月9日）明廷添设天津左卫，同时下令筑城浚池（卫城选址于卫河与海河交汇处西南的三角地带）。永乐四年十一月初八（1406年12月18日）再设天津右卫（天津右卫原系山东都司青州左护卫，是由山东青州调防而来）。

按照明朝兵制，"卫"是京师和各地普遍设置的一种独立于行政系统之外的军事组织，受各省都指挥使司节制，统由中央五军都督府管辖。各卫所中每10人编为一个小旗，设旗长；每50人编为一个总旗，设总旗长，下辖5个小旗；每112人编为一个百户所，设百户长，下辖2个总旗；每1120人设一个千户所，设千户长，下辖10个百户所；每5600人编为一个卫，设指挥使（正三品），下辖5个千户所。

弘治三年（1490年），为管理天津至德州运河沿岸军民事务，明朝廷特设天津道，地位权限高于天津三卫。万历二十五年（1597年），为加强海上防务，明廷又决定设一巡抚（简称"天津巡抚"），总控天津、登州、莱州等地。

永乐二年（1404年），为防止鞑靼侵扰，加强山海关至昌平长城一线的防务，明王朝设置了以蓟州命名的蓟州镇。隆庆二年（1568年），戚继光出任蓟州镇总兵官。在任期间，他大修防区长城，同时在练兵、制械、阵图演练等方面都作出不小贡献。戚继光在任16年，鞑靼不敢犯境，天津地区得享安宁。

随着天津经济文化的逐渐繁荣，"卫"的军事建置已不能适应城市成长的需要。清顺治九年（1652年），清政府将天津三卫合而为一。雍正三年（1725年），改天津卫为天津州（散州，级别与县同），同年九月（10月），升天津州为直隶州（清制，凡不设府而仍辖有县之州为直隶州，隶属于省布政使司，级别低于府而高于县），辖武清、静海、青县三县。雍正九年（1731年），清政府又将天津升格为"府"（附郭设天津县），下辖沧州、静海、青县、南皮、盐山、庆云、天津共一州六县。这种行政建置层序，一直延续到清朝灭亡。

随着城市的不断发展，天津的非军籍居民也相应增多，文教事业取得了一定进步。明正统元年（1436年），天津城区出现了本地最早的学校——天津卫学。随着科举教育的深入与普及，有明一代天津县共有9人考取进士（其中

刘钰于成化二年〈1466年〉考中进士，为天津地区首名进士）。时至清初，由于清王朝推行偃武修文、崇尚文治的政策，文化教育事业更得到不断发展，一大批文人寓居天津。同时，以查氏家族为代表的天津盐商亦修饰苑囿，广建园林，为津门文人墨客吟诗作画提供了最佳场所。由于教育的不断进步，有清一代天津共有128人考取进士。与此同时，民间艺术也得到飞速的发展，戏剧、曲艺在天津大放异彩，初步打下天津"戏剧之乡"、"曲艺之乡"的基础。

三、近代天津人文史

由于具有重要的政治、军事和经济地位，早在清顺治年间，天津即引起了西方国家的浓厚兴趣和高度关注。乾隆五十七年（1792年），英国政府派出以马嘎尔尼（G.M.Macartney）勋爵为特使的大型使节团以补祝乾隆八十寿诞的名义前往中国。该使团于乾隆五十八年六月二十二日（1793年7月29日）抵达大沽口，七月初五（8月11日）到达天津的三岔河口。使团对天津的繁华十分欣赏。马嘎尔尼觐见乾隆皇帝时，提出除广州之外，再将天津、宁波、舟山等处开辟为通商口岸，遭到

清政府拒绝。

英国社会十分喜欢中国生产的丝绸、茶叶和瓷器，为获得这些商品，英国每年不得不花费大量的白银。与此相对的是，中国的闭关锁国政策以及自给自足的小农经济，使英国产品在中国没有销路，中英贸易完全呈现出有利中国的一边倒局势。英国政府急于想改变贸易不平衡问题，因此，从19世纪初开始，英国就对中国进行鸦片走私贸易。天津靠近渤海，又接近贵族官僚集中的北京，自然深受英国鸦片商人"垂青"，从而成为鸦片在中国北方销售的主要市场。

道光十二年（1832年），英国大鸦片贩子查顿（W.Jar-dine）开始直接向天津走私鸦片，此后天津的走私鸦片逐渐增多。道光十八年九月十九日（1838年11月5日）直隶总督琦善在奏疏中写道：除以前查获的鸦片共29000余两外，九月初九（10月26日）于大沽口"金广兴"号上查获鸦片82袋计重131536两，并同时起获大批烟具。随后，天津地方官府在小西关地区使用铁锅熬焦油的办法销毁了上述两批共160000多两鸦片。有资料表明，在林则徐接受委派赴广州禁烟时，道光帝曾将琦善的奏折交其阅

看。林则徐认为天津销烟的方式费时费力，成本也高，销毁并不彻底，其渣滓仍可吸食。他到广州后，摒弃天津销烟方式，而采用在海边挖掘水池、以生石灰销毁鸦片再开闸将残渣倾入大海的办法彻底销毁鸦片。

清朝中央政府及各地官府坚决销烟的举措沉重打击了英国鸦片贩子的利益。为使鸦片贸易合法化，许多鸦片贩子上书英国政界人士，叫嚣使用武力打开中国的国门。

道光十九年（1839年），英国政府决定抵制清王朝的禁烟运动，发动侵华战争。在广州的英国驻华商务监督义律（C.Elliot）于二月二十日（4月3日）致函英国外交大臣巴麦尊（H.J.Palmerston），建议英国政府发动侵华战争。其具体步骤是：封锁广州、宁波两港，武力占领舟山，在白河口（即海河入海口）向清王朝送达通牒。事实证明，英国政府在第一次鸦片战争中所执行的战略方案即来源于此。道光二十年七月十二日（1840年8月9日），侵华英军总司令懿律（G.Elliot，义律的堂兄）和义律率领兵舰8艘驶抵大沽口。七月十四日（8月11日），义律乘驳船向清政府递交通牒。八月初四（8月30日），琦善在大沽口的帐篷中与义

律谈判。八月十四日（9月9日），琦善代表清政府基本上答应了英国通牒中所提出的一切要求。义律考虑到因季节关系无法发动攻势，遂同意返回广州继续谈判。此次40天的中英天津交涉活动史称"白河投书"。

道光二十二年（1842年），清政府因在第一次鸦片战争中战败，被迫与英国签订《南京条约》。中国长江以南的五个沿海城市——广州、厦门、福州、宁波、上海被辟为通商口岸。但是，这五个通商口岸的开放，并没有使整个中国卷入世界资本主义的市场体系。中国的对外通商口岸虽由战前的一口增加到了五口，但由于中国小农与家庭手工业结合的经济结构的顽强抵抗，西方国家的对华贸易额，除鸦片之外并没有增长多少，中国的茶叶、丝绸和瓷器出口反而大量增加，西方国家不得不输出白银来弥补差额。为扭转对华贸易的不利局面，西方列强认为必须取得深入中国内地的更大自由。可以说，这是英法等国积极筹划第二次鸦片战争的第一个重要原因。第二个重要原因是，西方列强明显感到，清王朝经过前次鸦片战争仍然顽强地拒绝加入世界秩序，因此必须再次使用武力使清王朝真正屈服。为达到长期威胁清王朝的目的，列强意欲将天津开辟为通商口岸。

咸丰六年（1856年），英、法两国联合挑起第二次鸦片战争。咸丰八年三月初七（1858年4月20日），英法联军齐集于大沽口外。四月初八（5月20日），联军借口不满意清王朝的答复，进攻并占领了大沽炮台。联军军舰驶入海河，并于四月十四日（5月26日）抵达天津三岔河口。四月十八日（5月30日），英、法、美、俄四国公使到达天津。

清王朝深知这次战争对津京威胁的严重性，尤其惧怕英法等国会以大沽为香港，天津为广州，因而不得不以谈判的方式解决问题。四月十六日（5月28日），清廷派大学士桂良、吏部尚书花沙纳前往天津与四国公使谈判。在侵略者的威逼之下，桂良、花沙纳代表清政府于五月初三（6月13日）、初八（18日）、十六日（26日）和十七日（27日）在天津的海光寺分别与俄、美、英、法四国签订了《天津条约》。条约主要内容是：赔款；各国公使驻北京；扩大领事裁判权；基督教和天主教可以进入内地自由传教；加开牛庄（后改营口）、登州、汉口、九江、镇江、台湾府（台南）、淡

水、汕头、琼州和南京等10口为通商口岸。条约签订后，英法联军于六月初七（7月17日）撤出天津。

交战双方对《天津条约》都不甚满意，咸丰帝更是对公使驻京一条深恶痛绝。他命令桂良等人在上海与各国谈判议定海关税则时力求补救，阻止公使驻京。与此同时，清王朝还利用天津为非通商口岸的有利条件，在大沽口严密布防，派蒙古科尔沁亲王僧格林沁率重兵、调巨炮把守大沽炮台，只允许各国公使从北塘登陆换约。

英国政府和大资产阶级认为，天津同已被开放口岸一样重要，而《天津条约》未能将其列入是严重失策，遂决定在换约时使用武力，强迫清政府加开天津为通商口岸。英法联军于五月二十五日（6月25日）采取强制通行的军事行动，清除海河口的障碍物，以保证公使前往天津。由于轻敌，再加上清军的充分准备，妄图闯入大沽口的英法联军军舰遭到重创，被击沉4艘、击伤4艘，英法两国公使只好返回上海。

英法联军在第二次大沽口保卫战后不甘失败，很快重组兵力再次进犯。此时，清政府还

沉浸在胜利的喜悦中，因而疏于防范。咸丰十年六月十五日（1860年8月1日），英法联军在北塘登陆，并于七月初五（8月21日）占领大沽南北炮台。七月八日（8月24日），联军军舰驶抵天津东门外，次日便占领了天津城。

英国最高专使额尔金（Earl of Elgin）向清廷谈判代表提出：清政府必须赔偿英法两国各800万两白银；英法带兵进京换约；立即开辟天津为通商口岸。咸丰帝对开辟天津为通商口岸认为尚可商议，但对赔款和带兵进京两项则坚决不允。

英法联军见奢求不能得到满足，遂于七月二十三日（9月8日）由天津向北京进犯，并于八月二十二日（10月6日）占领北京，焚毁圆明园。此后，清王朝派恭亲王奕訢为谈判代表，分别于九月十一日（10月24日）和十二日（25日）与英法两国签订了《天津条约续增条约》（即《北京条约》）。条约规定开天津为通商口岸，并交换了"天津条约批准书"。由于西方列强的侵略，天津被迫开埠。

单就港口的自然条件而言，天津不如附近港阔水深的秦皇岛。但在第二次鸦片战争中，英国政府为建立一个足以威胁北京的基地，遂

放弃了秦皇岛，坚持将天津辟为通商口岸。可以说，天津开埠的政治因素大于经济因素，这一点与上海开埠恰恰相反。

天津被迫开埠后，外国侵略者在天津办理的第一件事就是强划租界。咸丰十年（1860年）和十一年（1861年），英、法、美三国分别在天津设立租界。此后，清政府先后在中日甲午战争和八国联军侵华战争中战败，又被迫同意德、日、俄、意、奥、比六国在天津设置租界，九国租界由此并立于天津。天津也因而成为全国乃至全世界唯一一座拥有如此众多国别租界的城市。

随着西方势力的不断侵入，天津人民掀起了以反洋教为主要内容的爱国行动，其主要代表为同治九年五月二十三日（1870年6月21日）爆发的以火烧望海楼教堂为标志的"天津教案"。天津教案虽代表了中西方两种文化的冲突，但究其根本来说，则是西方传教士背离教义欺压民众，导致的天津百姓群体反抗行动。

同治九年八月初三（1870年8月29日），清王朝将更懂得"夷务"事项的李鸿章调任直隶总督。不久，清政府特设北洋通商大臣，并由直隶总督兼任，同时规定：直隶总督每年春季

开冻后移驻天津，冬令封河后再回省城保定。如遇紧急事件，必须回保定料理，总督于事毕后仍赴天津。但由于天津的特殊地位，李鸿章自接任直隶总督兼北洋大臣后，很少回保定，基本上都在天津办公。

李鸿章在天津兴办、扩建了一系列洋务企业和近代教育设施，如天津机器局、轮船招商局天津分局、开平矿务局、中国天津铁路公司、天津电报总局、天津邮政总局、北洋水师大沽船坞、天津水师学堂、天津武备学堂、天津电报学堂、天津电气水雷学堂、天津管轮学堂、天津医学堂、天津自来水公司、天津储药施医总医院等。此外，中国近代第一所大学——北洋大学堂亦诞生于天津。"洋务运动"使天津进入早期近代化的第一阶段，天津的工人阶级也从此诞生。

与此同时，李鸿章还代表清政府在天津签订了不少国际条约，如《中日修好条约》、《中日通商章程》、《中日天津会议专条》、《中秘查办华工专条》、《中秘友好通商条约》、《中法会议简明条款》、《中法会订越南条约》等，天津遂有"第二首都"之称，位于天津的直隶总督衙门也被西方人士称为中国

的"第二政府"。

清王朝甲午战争惨败之后，变法图存的维新思想蔚然兴起，天津成为维新思想的发源地。其代表人物严复在天津翻译了《天演论》、《原富》、《法意》、《名学》、《名学浅说》、《群学肄言》、《群已权界论》、《社会通诠》等西方资产阶级名著，介绍了"物竞天择，适者生存"的进化论观点，以激励国人自强保种。

鉴于甲午战争失败的教训，许多有识之士提出编练新军的要求，清政府也认识到旧军队既不能镇压人民起义亦无法抵御外敌入侵。为维护统治，清廷被迫开展新式建军运动。光绪二十年十二月二十七日（1895年1月22日），中国近代史上第一支新式陆军——定武军诞生。这只新军由淮系官僚、广西按察使胡燏棻任统帅，李鸿章的军事顾问、时任北洋海军总查的原德国陆军上尉军官汉纳根（Von Hanneken）任总教习。该军最初在天津府青县马厂编练，后因马厂兵营狭小，遂移驻小站原淮军"盛字营"遗留的营盘中，近代军事史上著名的"小站练兵"由此拉开序幕。

光绪二十一年十月二十二日（12月8日），

清廷命时任浙江温处道的袁世凯接掌"定武军"，并将"定武军"更名为"新建陆军"。定武军和新建陆军均采用德国模式编练、装备军队，并延聘了大批天津武备学堂的毕业生充任各级官佐，从而形成了"小站班底"。民国成立后，其中许多人成为北洋军阀。"小站练兵"开创了我国近代陆军的先河，对其后我国军队的发展起到了巨大的借鉴与推动作用。

与此同时，另一只新式陆军——武毅军在今宁河县芦台镇编练。该军由聂士成统帅，亦采用德国模式训练、装备军队。

清末新式建军运动中，共编练成5支新式陆军（定武军、新建陆军、自强军、武毅军和湖北护军营），其中有3支（定武军、新建陆军、武毅军）是在天津地区成军的。

随着西方列强瓜分中国企图的不断明朗，山东、直隶等地的义和拳民掀起了"扶清灭洋"的义和团运动，并迅速波及天津。拳民们在天津城内建立了众多的"坛口"。为镇压中国民众的抵抗，进一步扩大在华利益，西方列强以"保护使馆"、"保护侨民"为借口，组成了八国联军，相继攻陷天津、北京，并在天津成立了全部由外国人组成的"管理津郡城厢内外地方事务都统衙门"（简称"都统衙门"）。天津由是成为中国内地唯一的一座完全殖民城市。

光绪二十七年七月二十五日（1901年9月7日），清政府被迫与英、美、日、俄、法、德、意、奥、比、西、荷十一国签订丧权辱国的《中国与十一国关于赔偿1900年动乱的最后协定》（即《辛丑条约》）。《辛丑条约》主要内容有：赔款白银4.5亿两；在北京划定使馆区；拆除大沽炮台及有碍北京至海通道的所有炮台（当时天津地区共有22座炮台）；外国军队可在自山海关至北京的铁路沿线12个地方（含天津地区的杨村、塘沽、芦台、军粮城）驻扎军队等。它的签订，标志着中国完全沦为半殖民地半封建社会。

《辛丑条约》签订后，英、美、法、俄、意、奥、德、日各国分别在天津各自的租界中驻扎军队（只有比利时在天津租界中没有驻军）。其中，日本在天津设立"清国驻屯军"（民国成立后更名为"中国驻屯军"〈亦名"天津驻屯军"和"华北驻屯军"〉），成为日本帝国主义发动全面侵华战争最主要的军事力量。

《辛丑条约》签订时，天津仍处于都统衙门的统治之下，八国联军可以随时由津入京，威胁清朝廷。为此，正在返京途中的慈禧和光绪谕令议和大臣庆亲王奕劻和直隶总督兼北洋大臣李鸿章，要求他们加紧与各列强磋商，务必早日收回天津。九月二十七日（11月7日），李鸿章因病去世，清廷任命山东巡抚袁世凯署理直隶总督兼北洋大臣（次年6月9日实授），继续催办接收天津事宜。

都统衙门在得知各列强准备将天津交还清政府后，为确保其合法性，遂于光绪二十八年二月二十五日（1902年4月3日）召开特别会议，制定了移交天津的"建议书"。三月初五日（4月12日），各列强国家驻津司令官召开会议，提出了归还天津的二十九项"条款"，其中第四项规定"距联军占领之天津街市三十基罗迈当（公里）以内，中国不得置守卫兵"。根据《辛丑条约》，外国军队有权在山海关至北京的12个地区驻扎军队，但中国军队在天津的驻扎权并未就此取消，而前项条款无疑是将中国军队最终阻绝于天津城区范围之外，其规定大大超过了《辛丑条约》划定的范围。虽然，由于中国政府的坚持，以及列强间彼此掣

肘，矛盾日深，各签约国最终不得不同意清政府的要求，将中国军队不得驻扎的范围由30公里改为10公里，但总的说来，中国军队丧失天津控制权的局面并未改变。该款项限制了中国军队应尽的保卫领土主权的义务，更为日后各帝国主义对天津和华北、东北进行的军事侵略创造了条件。

光绪二十八年七月十二日（1902年8月15日），直隶总督兼北洋大臣袁世凯代表清政府接收天津，从而结束了都统衙门长达两年的军事殖民统治。此后，袁世凯实行了一系列的社会变革，使几近崩溃的天津经济得以复苏。其具体措施主要有：发展实业、开发新市区、创办巡警、兴办新式学堂、改良司法制度、试办地方自治等。"北洋新政"使天津的早期近代化进程进入到第二阶段。

"武昌起义"后，革命风暴席卷全国。为推翻清王朝统治，天津的革命党人发动了"天津起义"。起义虽然失败了，但却加速了清政府的灭亡。

中华民国成立后，南京临时参议院曾投票表决新国都问题。由于具有重要的政治影响力，天津与北京、南京均榜上有名，由此可见当时天津在国人心目中的地位。此后，新任临时大总统袁世凯与革命党人围绕在何处宣誓任职的问题爆发了矛盾。为造成北方局势混乱，须臾难离的假象，袁世凯指使天津镇守使张怀芝发动"天津兵变"，迫使革命党人同意其要求。

北洋政府统治时期（1912～1928年），地方行政建置被精简为省、县两级，天津府被裁撤，天津地方行政管理机构为天津县，地方军事长官为天津镇守使。1913年，天津成为直隶省省会，天津各项事务基本由省级机构或民政长（后更名为巡按使、省长）直接办理。天津县只作为辅助性机构，完全秉承省级机构的旨意行事。

民国时期，天津因存有九国租界，不受中国政府管辖，遂成为各派势力角逐之所。居住在租界中的末代皇帝、遗老遗少、下野军阀、失意政客，为重新登上政治舞台，勾连倾轧，纵横捭阖，掀起众多政潮。如督军团五次会议、张勋复辟、天津四巨头会议、直系军阀天津会议、直奉军阀天津会议、天津蔡园会议、临时执政府上台、安国军政府上台等，这些事件曾对中国历史的进程产生了重大影响。由于天津具有这种独特政治作用，故而当时社会上流传着"北京是前台、天津为后台"的说法。

与此同时，这些达官显贵为满足自己骄奢淫逸的生活，在租界内纷纷建起各种风格的豪宅以供享乐。据统计，自1912年至1937年"七·七"事变前，共有500余"社会名流"寓居天津租界，其中就包括北洋军阀46人、北洋政客30人。另据天津市第三次全国文物普查领导小组办公室统计，目前天津共发现近代建筑800余幢，其中仅名人故居就有100多幢。这些名人故居与以北京四合院为代表的中国传统建筑风格迥异，形成鲜明对比，毛泽东主席就曾以"北京的四合院、天津的小洋楼"来形容两市的建筑特点。

在北洋军阀统治的黑暗时期，天津亦出现了不少闪光点，如直刺袁世凯称帝的檄文——《异哉所谓国体问题者》，就是梁启超先生在天津写成的；又如天津人民反对法租界当局强占老西开地区而掀起的反帝斗争；觉悟社、女星社等爱国学生革命团体的成立；特别是1924年7月，中国共产党天津地方执行委员会诞生，成为此后天津人民进行反帝、反封建运动中最坚强有力的领导者。

1928年6月，国民党取得第二次北伐战争的胜利，占领了天津和北京。同月21日，根据国民政府行政法令，直隶省改为河北省，天津定为直属于行政院的特别市。从此，"天津市"名称一直沿用至今。

从清同治九年八月（1870年8月）李鸿章担任直隶总督兼北洋大臣至1928年6月北洋政府覆灭，近60年间，天津的政治地位远远高于经济地位，成为中国仅次于首都的第二个政治中心。同时，又因地当京师门户，天津自清道光二十年（1840年）至光绪二十六年（1900年），其军事地位亦高于经济地位。由于所具有的重大政治、军事与经济意义，清末至北洋政府时期天津的影响力超过了上海，成为全国最重要的城市。1928年6月北洋政府统治结束后，中国的政治中心移至南京、上海一带，天津的政治、军事地位逐渐衰落。

与政治、军事地位衰微相对的是，此时期天津的经济地位迅速提高，天津劝业场、仁立纺毛公司、东亚毛呢纺织公司等一大批工商业企业应运而生，天津最终成为中国北方经济中心。

为实现"欲征服支那，必先征服满蒙；如欲征服世界，必先征服支那"的大陆政策，日

本帝国主义发动了侵占东北的"九·一八"事变。1931年11月8~27日，日本中国驻屯军先后两次在天津挑起便衣队暴乱，将寓居天津日租界的清朝末代皇帝溥仪挟持往东北充当伪满洲国"执政"（后改为"皇帝"），并迫使天津保安队撤出防地。

日本帝国主义在天津便衣队暴乱中得逞，助长了其嚣张气焰，也使其窥见国民党政府的软弱。为达到蚕食并最终占领华北的目的，日本帝国主义发动了一系列进攻，逼迫国民党政府在天津的塘沽签订《塘沽协定》。《塘沽协定》规定中国军队撤至延庆、通州、宝坻、芦台所连之线以西、以南地区，以上地区以北、以东至长城沿线为非武装区。该规定实际上承认了日本对东北、热河的占领，同时划绥东、察北、冀东为日军自由出入地区，从而使得华北门户洞开。

《塘沽协定》签订后，日本帝国主义开始了对华北的全面扩张，其分离华北的政策得到进一步实施。1935年7月6日《何梅协定》签订，平津两市直接暴露在日伪的刺刀之下，随时都有被侵占的危险。

日本帝国主义对华北侵略的逐步加深和国民党政府的卖国行径，激起全国人民特别是平津两市学生的强烈愤慨。1935年12月9日，在中国共产党领导下，北平爱国学生发起声势浩大的"一二·九"运动。为积极响应"一二·九"爱国学生运动，12月18日，天津的爱国学生发起了本地有史以来规模最为浩大的"一二·一八"抗日救亡示威游行，要求停止内战，一致对外。"一二·九"爱国学生运动和"一二·一八"示威游行，标志着平津和华北地区抗日救亡运动达到了新的高潮。1936年5月28日，天津的爱国学生又举行了示威游行活动。这次活动，极大地鼓舞了天津人民及国民党第二十九军的抗日斗志，同时在日本侵略者面前表现出坚决斗争到底的决心和勇气。"一二·一八"和"五·二八"爱国运动，成功地实现了由抗日救国向抗日救亡新的斗争目标的转变，从而将天津的抗日救亡运动推向了新的高潮。

1937年7月7日，日本中国驻屯军蓄意挑起卢沟桥事变，发动了全面侵华战争。7月29日、30日，北平、天津相继沦陷，天津从此陷入长达八年暗无天日的日寇殖民统治。

8月1日，在日本中国驻屯军和日本陆军特

务机关的直接操纵下，天津傀儡政权——"天津市地方治安维持会"成立。其管辖范围除天津市区外，还有沿津浦路南下的天津、静海、青县、沧县、南皮、交河、东光、吴桥等县以及北部平津线上的武清、固安、安次等县。日军每攻占一地后，特务机关即责令天津维持会派出汉奸去组织同样的傀儡政权。这些地区的维持会都由日本人担任"联络官"，把持一切。1937年12月14日，伪中华民国临时政府在北平成立。12月17日，伪"天津市地方治安维持会"宣告改组，成立"天津特别市公署"，受伪中华民国临时政府领导。1943年11月15日，伪华北政务委员会将"天津特别市公署"改为"天津特别市政府"。

日寇占领天津后，进行了严密的特务统治和残酷的经济掠夺，并推行奴化教育。为夺占英国在华利益，1939年4月9日，以伪天津海关监督兼伪中国联合准备银行天津分行经理程锡庚被国民党军统局天津站外围组织"抗日杀奸团"（亦名"抗日锄奸团"）暗杀为借口，晖封锁天津英、法租界，挑起"天津事件"（又名"天津租界事件"）。在日本的威迫下，英国政府一再妥协，并于7月24日与日本签订了《有田—克莱琪协定》。该协定的签署，实际为英国放任日本侵略中国，纵容日本掠夺中国的政治丑行，是"东方慕尼黑"阴谋活动的重要步骤。

1941年3月至1942年12月，为确保华北占领区的安全，日伪当局推行了五次极端残酷的"治安强化运动"。天津是华北的中心城市，又是日军"大东亚战争兵站基地"，因此，日伪当局先后制定了一系列旨在加强殖民统治的政策和措施，给天津人民带来了难以言状的深重灾难。为镇压天津人民的反抗，日本侵略军制造了一系列惨案，如五美城惨案、花园惨案、大孙庄惨案、崔黄口惨案、王口镇惨案、小岭惨案、小站惨案、上仓惨案、史各庄惨案、东沽港惨案、花峪惨案、联合村惨案、五盆沟惨案、王口惨案、辛庄子惨案、吴家注惨案、都赛营惨案、双杨树惨案、五盆沟惨案、赵家铺与四里港惨案、田家庄惨案、南家庄惨案、火神庙前惨案、大唐庄惨案等。

哪里有压迫，哪里就有反抗。天津沦陷后，天津人民在中国共产党的领导下，开展了轰轰烈烈的斗争，特别是天津电话局职工开展的"抗交"运动在当时社会上产生了重大影响。

　　随着侵华战争的延续，日军陷入中国人民战争的汪洋大海。许多日本军人产生厌战情绪，并进而化为反战行动。1939年1月22日，三千余名日军在大沽口举行反战哗变，这是抗日战争中最大的一次日军士兵反战事件，震动了整个日军在华部队。此后，天津又发生了多起日军反战哗变。特别是1940年1月15日，日本驻津陆军航空队内发生的反战事件，在驻华日军，特别是陆军与海军航空队中产生了深远影响。

　　1945年8月14日，日本帝国主义宣布无条件投降。10月6日，驻津日军向中国战区代表、美国海军陆战队第三军团司令骆基中将投降，天津迎来抗日战争的胜利。此后，中国国内形势发生了新的变化，阶级矛盾代替了民族矛盾，中国人民民主革命进入到全国解放战争的新时期。

　　抗战胜利后，大批美军和国民党军队进驻天津。美军以占领军自居，在天津杀人、强奸、抢劫、走私，无恶不作。国民党军队亦以胜利者自居，大肆"劫收"，大搞"五子登科"（五子指票子、车子、房子、料子、女子），天津人民重又陷入水深火热之中。

　　1945年9月，为摧毁中国共产党在学校中的力量，实行法西斯思想统治，国民党政府对天津市中等及以上学校教职员工和学生开展所谓"甄审"运动。为保卫切身利益，争取更大的民主权利，中共领导广大师生开展反"甄审"斗争，经过近四个月的斗争，最终取得了胜利。

　　1946年12月24日，北平发生了"沈崇事件"，天津学生与全国学生一道开展了声势浩大的抗暴运动，举行大规模的示威游行，并取得了最终的胜利。

　　全面内战爆发后，国民党政府为补充兵员，支撑庞大的军费开支，随处拉丁，横征暴敛，造成物价飞涨，民不聊生。1947年5月20日，天津学生发起"反饥饿、反内战、反迫害"运动，爱国学生运动由此发展成为反抗国民党反动统治的"第二条战线"。

　　为挽救濒于灭亡的命运，1947年7月之后，驻津国民党军队在天津市区周围大肆修筑"城防"。为扫除射界中的障碍，他们强拆民房、强迁群众，制造出宽达五里的"无人区"。同时，又开挖一条宽十米、深五米的护城河，并遍设碉堡，妄图以此阻挡解放军。

1948年11月29日，平津战役开始。1949年1月14日10时，天津战役打响。至15日下午3时，经过29个小时的激战，解放军全歼国民党守敌13万余人，活捉天津警备司令陈长捷，天津终于回到人民手中。

综上所述，近代天津在政治、经济、军事、文化、教育等众多方面均有开先河之举，对中国历史进程产生了重大影响，无愧于"近代中国看天津"的称号。

四、天津文化定位

天津人文史迄今已有1万年了。随着经济的进步，各地居民纷至沓来，逐渐由聚落发展成为封建城市。开埠后，由于不平等条约的规定，天津成为华北地区唯一一座设有租界的城市，并由单纯的封建城市转变为半封建、半殖民地城市。天津所处的这样一种特殊历史环境，使得天津的人文逐渐呈现出兼具多元性、开放性与包容性的整体特点。

开埠前，天津在全国的政治影响力很小，它只是一座军事堡垒和经济较为发达的城市。开埠后，随着洋务运动、维新运动和北洋新政的开展，天津逐步从传统的封闭型城市转变为面向全球开放的近代化城市。由于具备特殊的地理位置，天津在政治、军事方面有着其他城市难以匹敌的重要意义，正所谓"区区虽为一隅，而天下兴废之关键系焉"。应该说，天津的开放性既有必然性，也有被迫性。所谓必然性，是因为随着河、海漕运的发达，天津人的眼界十分宽广，很早就对世界外部有一个崭新的认识。即使没有外敌侵入，迟早也会开放。所谓被迫性，即由于西方列强为在天津建立一个"足以威胁京城的基地"，强迫清政府将天津开为商埠。在西方列强的坚船利炮的威慑下，天津门户洞开。

天津人具有海纳百川的气魄，在西方文明传播入津的过程中，虽然也与之有过碰撞冲突，但总体来说还是能够理智地吸纳，并将其与传统文化有机地结合在一起。开埠后，随着西方文明的传入，天津的文化事业呈现出中西合璧的趋势。除戏剧、曲艺等传统文化取得更大发展外，西方的话剧、电影、交响乐、芭蕾舞等纷纷亮相津门舞台，并逐渐得到天津人民的认可。与此同时，天津的教育事业亦得到长足发展，小学、中学、大学、职业学校等各级教育应有尽有，

传统、西式教育门类俱全，绽放绚丽光彩。此外，新闻、出版事业也取得很大进步，诞生了在全国有重大影响的《国闻报》、《大公报》、《益世报》、《醒俗画报》等。这些成就的取得都与天津人宽广的胸怀分不开，同时也是天津文化包容性的最好印证。

当前，天津学术界正在热议天津文化的定位问题，并提出了多达十余种的说法，如港口文化、消闲文化、码头文化、商业文化、盐商文化、市民文化、寓公文化、运河文化、商人文化、老城文化、租界文化、津味文化、河海文化、再生文化、精英文化、水文化等。笔者认为，上述10余种说法，基本上只表述了某一个方面的特点，应加以全面的考量。为此，笔者不揣鄙陋，提出一些个人看法，以就教于方家。

所谓文化，是人类创造的物质财富和精神财富的总和。文化分为广义文化和狭义文化两种。所谓广义文化，它着眼于人类与一般动物，人类社会与自然界的本质区别，着眼于人类卓立于自然的独特生存方式。所谓狭义文化，它排除人类社会历史生活中关于物质创造活动及其结果的部分，专注于精神创造活动及

其结果。

天津是一座多元文化构成的城市，也是西方近代文明在中国"抢滩"的地方。当天津的城市要素一旦具备，便能迅速地吸纳近代文明的成果，借以发展、丰富自己。而天津的人文成为最有生机活力的生产关系，在兼收并蓄的交融中，促进生产力的发展。因此，天津文化应以融合为标志，以和合为特征。

第一章 ○ 政治篇

故影遺存

政治是经济的集中表现，产生于一定的经济基础，又服务于经济基础，并对经济发展产生巨大影响。政治包含了众多内容，受篇幅所限，本篇只介绍与国家、政府、政党、思想、法律、外交等相关的内容。

天津地区出现的第一个国家，是夏朝时期由北方游牧民族建立的终北国，它是一个小方国，其境域主要在今蓟县境内。西周时，天津地区国家形态进一步发展，出现了有"子"爵封号的"无终子国"，其遗存主要有围坊遗址第二期遗存、围坊遗址第三期遗存和张家园遗址第二类遗存。

春秋时期，天津地区分属燕国、齐国和无终子国。公元前640年左右，无终子国配合北方游牧民族山戎进攻燕国，遭到燕、齐联军的阻击与反攻，山戎败走，无终子国也被迫西迁至山西、河北境内，其原有国土被燕国吞并，天津地区遂分属燕、齐两国。

战国末年，赵国利用燕、齐两国互相攻伐无暇他顾的机会，乘虚而入，占领了海河以南地区。至此，天津地区又分属燕、齐、赵三国。

秦汉时期，天津地区分属右北平郡、渔阳郡和渤海郡。魏晋南北朝时期，天津地区分属章武郡、浮阳郡。隋唐时期，天津地区分属河间郡、涿郡、渔阳郡、幽州、沧州、蓟州。

宋辽时期，两国以泒水为界河（泒水即今

大清河和海河），天津地区由此被分为南北两部分，界河以北属辽朝幽都府（后改名为"析津府"），界河以南地区属宋朝高阳关路乾宁军。

宋徽宗宣和七年（1125年），辽被金朝所灭，天津地区原界河以北的地方并入金朝。钦宗靖康二年（1127年），北宋亦被金朝所灭，整个天津地区遂并入金朝版图。

金宣宗贞祐年间（1213～1217年），金朝廷在天津三岔河口地区（今狮子林桥附近）设置"直沽寨"。由此起至明末，天津一直是军事重镇。不论是初期的"直沽寨"，还是后来元代所设"海津镇"，抑或是明代所置"天津卫"，其都为一种带有浓厚军事色彩的城市早期形态，其地方行政事务也均由军队代管。

随着天津城市的不断发展，明朝"卫"的军事建置已不能适应城市成长的需要。清雍正三年（1725年），清政府改天津卫为天津州（散州，级别与县同）。从此，天津成为一座真正意义上的城市。同年九月（10月），清政府升天津州为直隶州（清制，凡不设府而仍辖有县之州为直隶州，隶属于省布政使司，级别低于府而高于县），辖武清、静海、青县三县。随着经济的不断发展，雍正九年（1731年），天津直隶州又升为天津府（附郭设天津县），下辖沧州、静海、青县、南皮、盐山、庆云、天津共一州六县。这种行政建置层序，一直延续到清朝灭亡。

由于具有重要的政治、军事和经济地位，早在明末清初之际，天津即已引起了西方国家的浓烈兴趣和高度关注。清顺治十二年（1655年），荷兰使节哥页（Peter De Goyer）携带着给顺治皇帝的贵重物品前往北京。当他从海路于7月5日到达天津时，天津繁荣的景象给他留下了深刻印象，他的随从还特地将三岔河口及海河两岸的景象绘制成图像。

雍正四年至六年（1726~1728年），俄国使节萨瓦（СавваЛукичВладиславич—Рагузинский）出使清朝。根据了解到的中国情况，他于雍正八年（1730年）向沙皇递交了一份秘密报告，建议在必要时可从天津对北京施加武力威胁。

乾隆五十七年（1792年），英国政府派出以马嘎尔尼（G.M.Macartney）勋爵为特使的大型使节团，以补祝乾隆八十寿诞的名义前往中国。该使团于乾隆五十八年六月二十二日（1793年7月29日）抵达大沽口，七月初五日（8月11日）到达天津的三岔河口。使团对天津的繁华十分欣赏。马嘎尔尼觐见乾隆皇帝时，提出除广州之外，再将天津、宁波、舟山等处开辟为通商口岸，遭到清政府的拒绝。

嘉庆二十一年（1816年），英国政府又派出阿美士德（Amherst）爵士出使中国，并于同年闰六月初九（8月12日）到达天津。他的随从对天津城的房屋建筑、人民的衣着风貌进行了细致的观察。

道光十九年（1839年），英国政府决定抵制清王朝的禁烟运动，并进而策动侵华战争，其具体步骤是：封锁广州、宁波两港，武力占领舟山，在白河口（即海河入海口）向清王朝送达通牒。事实证明，英国政府在第一次鸦片战争中所执行的战略方案即来源于此。道光二十年七月十二日（1840年8月9日），英国驻华商务监督义律（C.Elliot）和侵华英军总司令懿律（G. Elliot，义律的堂兄）率领8艘兵舰驶抵大沽口。七月十四日（8月11日），义律乘驳船向清政府递交通牒。八月初四（8月30日），钦差大臣、直隶总督琦善在大沽口与义律谈判。八月十四日（9月9日），琦善代表清政府基本上答应了英国在通牒中所提出来的一切要求。义律考虑到因季节关系无法发动攻势，遂同意返回广州继续谈判。此次40天的中英天津交涉活动史称“白河投书”。

咸丰十年九月十一日（1860年10月24日）和十二日（25日），由于在第二次鸦片战争中战败，清政府被迫分别与英法两国签订了《续增条约》（即《北京条约》），规定开天津为通商口岸，并交换了《天津条约批准书》。由于西方列强的侵略，天津最终被迫开埠。

单就港口的自然条件而言，天津不如相距不远港阔水深的秦皇岛，但在第二次鸦片战争中，英国政府为建立一个足以威胁北京的基地，遂放弃了将秦皇岛开为商埠的想法，而坚持将天津辟为通商口岸。可以说，天津开埠的政治因素大于经济因素，这一点与上海开埠恰恰相反。

开埠后，外国侵略者在天津办理的第一件事就是强划租界。咸丰十年（1860年）和十一年（1861年），英、法、美三国分别在天津设立了租界。此后，清政府先后在中日甲午战争和八国联军侵华战争中战败，被迫同意德、日、俄、意、奥、比六国在天津设置租界，九国租界并立于天津，使天津成为全国乃至于全世界唯一一座拥有如此众多国别租界的城市。这一时期，先后有20多个国家在天津派驻领事，天津成为西方列强在华的重要基地。

同治九年八月初三（1870年8月29日），李鸿章被调任为直隶总督。不久，清政府特设北洋通商大臣，并由直隶总督兼任。根据规定，直隶总督每年春季开冻后移驻天津，冬令封河后再回省城保定，如遇紧急事件，必须回保定料理，事毕后仍赴天津。但由于天津特殊的地位，李鸿章自接任直隶总督兼北洋大臣后，很少回保定，基本上都在天津办公。

担任直隶总督兼北洋大臣期间，李鸿章曾代表清政府在天津签订了一系列国际条约，如《中日修好条约》、《中日通商章程》、《中日天津会议专条》、《中秘查办华工专条》、《中秘友好通商条约》、《中法会议简明条款》、《中法会订越南条约》等。外交活动的频繁使天津拥有了"第二首都"之称，天津直隶总督衙门也被西方人士视为中国的"第二政府"。

甲午战争惨败之后，维新思潮席卷全国，天津成为维新运动重要发源地之一。一些较早接受西方启蒙思想的知识分子，纷纷著书立说，推广维新思想，以求挽救民族危机，振奋国人精神。例如，严复在天津翻译了《天演论》、《原富》、《法意》、《名学》、《名学浅说》、《群学肄言》、《群己权界论》、《社会通诠》等西方资产阶级名著，介绍了"物竞天择，适者生存"的进化论观点，成为激励中国人自强保种的重要理论。

在1901～1911年的"清末新政"期间，面对天津残破的局面，继任直隶总督兼北洋大臣的袁世凯实行了一系列政治变革，如创办巡警、整顿金融、改良司法制度、试办地方自治等。

中华民国成立后，南京临时参议院曾投票表决新国都问题。由于具有重要的政治影响力，天津与北京、南京均榜上有名，由此可见当时天津在国人心目中的地位。

北洋政府统治时期（1912～1928年），地方行政建置被精简为省、县两级，天津府被裁撤，天津县成为地方行政管理机构，天津镇守使成为地方军事长官。1913年，天津成为直隶省省会，地方各项事务基本上由省级机构或民政长（后更名为巡按使、省长）直接处理，天津县只作为辅助性机构，完全秉承省级机构的旨意行事。

民国时期，天津因存有九国租界，不受中国政府管辖，遂成为各派势力角逐之所。居住在租界中的末代皇帝、遗老遗少、下野军阀、失意政客，为重新登上政治舞台，勾连倾轧，纵横捭阖，掀起众多政潮。由于天津具有这种独特政治作用，故而当时社会上流传着"北京是前台、天津为后台"的说法。

在北洋军阀统治黑暗时期，天津亦出现了不少闪光点，如直刺袁世凯称帝的檄文——《异哉所谓国体问题者》就是梁启超先生在天津写成的；又如天津人民反对法租界当局强占老西开地区而掀起的反帝斗争；觉悟社、女星社等爱国学生革命团体的成立；特别是1924年7月，中国共产党天津地方执行委员会诞生，成为此后天津人民进行反帝、反封建运动中最坚强有力的领导者。

从清同治九年八月（1870年8月）李鸿章担任直隶总督兼北洋大臣至1928年6月北洋政府覆灭，近60年间，天津的政治地位远远高于经济地位，成为中国仅次于首都的第二个政治中心。

1935年12月9日，因愤慨于日本帝国主义对华北侵略的逐步加深和国民党政府的卖国行径，北平爱国学生发动了声势浩大的"一二·九"运动。天津学生随起响应，于12月18日发起了规模更大的"一二·一八"抗日救亡示威游行，要求停止内战，一致对外。"一二·九"爱国学生运动和"一二·一八"示威游行，标志着平津及华北地区抗日救亡运动达到高潮。1936年5月28日，天津爱国学生又举行了示威游行活动，极大地鼓舞了天津人民及国民党第二十九军的抗日情绪，同时在日本侵略者面前表现出中国人民坚决斗争到底的决心和勇气。"一二·一八"和"五·二八"爱国运动，成功地实现了由抗日救国向抗日救亡新斗争目标的转变，从而将天津的抗日救亡运动推向了新的高潮。

1937年8月1日，在日本中国驻屯军和日本陆军特务机关的直接操纵下，天津汉奸傀儡政权——天津市地方治安维持会成立，卖国亲日分子高凌霨任会长。其管辖范围除天津市区外，还有沿津浦路南下的天津、静海、青县、沧县、南皮、交河、东光、吴桥等县，以及北部平津线上的武清、固安、安次等县。日军每攻占一地后，特务机关即责令天津维持会派出汉奸去组织同样的傀儡政权。这些地区的维持会都由日本人担任"联络官"，把持一切。1937年12月14日，伪中华民国临时政府在北平成立。12月17日，伪"天津市地方治安维持会"宣告改组，成立"天津特别市公署"，受伪中华民国临时政府领导，高凌霨继任"天津特别市"市长。1943年11月15日，伪华北政务委员会将"天津特别市公署"改为"天津特别市政府"，卖国亲日分子张仁蠡任"天津特别市政府市长"。

为夺占英国在华利益，日寇占领天津后，于1939年4月9日，以伪天津海关监督兼伪中国联合准备银行天津分行经理程锡庚被国民党军统局天津站外围组织"抗日杀奸团"（亦名"抗日锄奸团"）暗杀为借口，封锁天津英、法租界，挑起"天津事件"（又名"天津租界事件"）。在日本的威胁与逼迫下，英国政府一再妥协，并于7月24日与日本签订了《有田—克莱琪协定》。该协定的签署，实际为英国放任日本侵略中国，纵容日本掠夺中国的政治丑行，是"东方慕尼黑"阴谋活动的重要步骤。

1941年3月至1942年12月，为确保华北占领区的安全，日伪当局推行了五次极端残酷的"治安强化运动"。天津是华北的中心城市，日伪当局先后制定了一系列旨在加强殖民统治的政策和措施，给天津人民带来了难以言状的深重灾难。

抗日战争胜利后，天津很快又陷入了国民党反动派营造的白色恐怖之中。为实行法西斯思想统治，摧毁中国共产党在学校中的力量，1945年9月，国民党对天津市中等及以上学校中的教职员工和学生开展所谓"甄审"运动。为保卫切身利益，争取更大的民主权利，中国共产党领导广大师生开展反"甄审"斗争，并最终取得了胜利。

1946年12月24日，北平发生了"沈崇事件"，天津学生与全国学生一道开展了声势浩大的抗暴运动，举行了大规模的示威游行。转年5月20日，为抗议国民党反动统治，争取和平民主，天津学生举行了"反饥饿、反内战、反迫害"爱国运动。爱国学生运动由此发展成为反抗国民党反动统治的"第二条战线"。

以"第二条战线"为主的政治斗争有力地配合了军事斗争，最终赢得了天津解放的胜利。

1. 围坊遗址第二期文化遗存考古工地

1977～1979年在蓟县围坊发现，距今4000～3000年，相当于中原地区的夏商时期。出土品主要有陶器（如鬲、甗、甑、罐、盆、瓮、钵、杯、簋、纺轮、网坠等），石器（如斧、锛、凿、刀、矛、纺轮、刮削器等），骨器（如锥、匕、镞、针等），铜器（如刀、耳环等）。

1-1 围坊遗址第二期文化遗存考古工地

2. 围坊遗址第三期文化遗存考古工地

1977～1979年在蓟县围坊发现，距今3000～2500年前，相当于中原地区的晚商至春秋时期。出土品主要有陶器（如鬲、甗、罐、盆、瓮、钵、碗、壶、尊、纺轮等），石器（如斧、矛、镞、刮削器等），铜器（如凿形器等）。

1-2 围坊遗址第三期文化遗存考古工地

3. 张家园遗址第二类遗存考古工地

1987年在蓟县张家园发现。共发现4座商朝晚期至西周初期的墓葬。墓葬为东西向俯身葬，出土品有青铜器（如鼎、簋等），金制品（如金耳环等）。

1-3 张家园遗址第二类遗存考古工地

4. 张贵庄战国墓葬考古工地

1956年12月在东丽区张贵庄发现，为战国时期燕国文化遗存，出土品主要为陶器（如鼎、豆、壶、三足器等）。

1-4 张贵庄战国墓葬考古工地

5. 秦城遗址考古工地

秦城遗址位于宝坻区。秦城名字最早见于唐代李益《送客还幽州》诗，《读史方舆纪要》、《宝坻县志》皆有记载。城址位于鲍丘河故道北岸，1989年进行调查并试掘。秦城遗址平面呈不规则四边形，面积约50万平方米。城墙皆夯筑。城墙顶部有高、宽各0.5米的土埂一道，夯筑近似"女儿墙"。城四面设门，门口两侧墙上有建筑，门口外有类似瓮城的曲壁。城内地势北高南低，文化层主要分布于北部。在城北部发现2座夯土台基，出土有大量绳纹板瓦、筒瓦和饕餮纹、云山纹、虎纹、双鹿纹等半瓦当，陶片有夹云母红陶釜、泥质灰陶瓮、盆、罐、豆、瓿、钵等。按《水经注》记载的方位和城址出土物年代分析，此城应为战国末期秦国右北平郡郡治。

1-5 秦城遗址考古工地

6. 东汉鲜于璜墓考古工地

1976～1977年在武清区发现。出土品主要有东汉桓帝延熹八年（165年）"汉故雁门太守鲜于君碑"，陶器（如罐、盒、奁、盘、瓿、耳杯、仓房、仓楼、槽、屋、农夫俑、侍女俑、灯、四系青釉罐等），铜器（如熏炉、镜、鎏金釦饰、龙首柄等），反映了东汉时期的政治制度和丧葬礼仪。

1-6 东汉鲜于璜墓考古工地

7. 静海县东滩头汉魏墓葬考古工地

1982～1985年在静海县东滩头发现，天津市考古专家认为极有可能是三国曹魏时期幽州刺史杜恕之墓。出土品主要为陶器（如方形楼、扁楼、瓮、罐、壶、盆、盘、鼎、钵、熏炉、案、耳杯、勺、连支凤鸟灯、镂孔堆塑车马人物灯座、碓、井、水磨、灶、厨夫俑、鸡、鸭、鹅、狗、猪、猪圈等）。另外，还出土"五铢钱"、骨簪、玉珠、铜泡、蚌片等，从中可以看出当时的政治制度和丧葬制度。

1-7 静海县东滩头汉魏墓葬考古工地

8. 东丽区军粮城唐代墓葬考古工地

1957～1959年在东丽区军粮城发现，出土品主要有陶器（如乐俑、仆侍俑、胡俑、武士俑、人面鱼身俑、人面兽身俑、马、驼、羊、猪、鸡、卧兽、灶、磨、碾、碓、车轮、罐等），瓷器（如青釉瓷豆、青瓷碗、白瓷碗等），以及海兽葡萄铜镜等，从中可以看出当时的政治制度和丧葬制度。

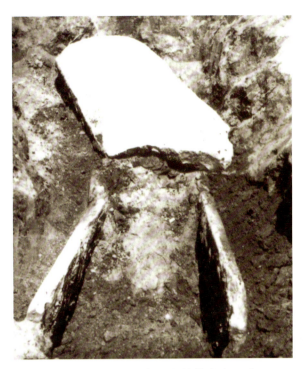

1-8 东丽区军粮城唐代墓葬考古工地

9. 天津卫城图

明永乐二年十一月二十一日（1404年12月23日），明成祖朱棣降旨于直沽设天津卫。同年十二月初九（1405年1月9日）添设天津左卫，同时下令筑城浚池（卫城选址于卫河与海河交汇处西南的三角地带）。永乐四年十一月八日（1406年12月18日）再设天津右卫（天津右卫原系山东都司青州左护卫，是由山东青州调防而来）。"天津"从此得名。

为更好地管理，清顺治九年（1652年），清政府将天津左卫、天津右卫合并至天津卫而成为一卫。这是康熙十二年（1673年）《天津卫志》所载天津卫城图。

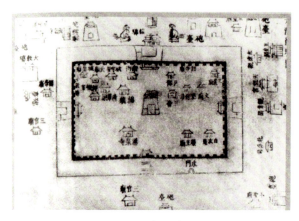

1-9 天津卫城图

10. 天津府、天津县城区图

清雍正三年（1725年），清政府将军事建置的天津卫改为天津州，从此，天津成为一座真正意义上的城市。同年九月（10月），升天津州为直隶州，辖武清、静海、青县三县。随着经济的不断发展，雍正九年（1731年），天津直隶州又升为天津府（附郭设天津县），下辖沧州、静海、青县、南皮、盐山、庆云、天津共一州六县。这种行政建置层序，一直延续到清朝灭亡。

1-10 天津府、天津县城区图

11. 天津县署

天津县为天津府下的"附郭县"，又称首县。天津县署坐落于东门内仓门口，建于雍正十二年（1734年），为天津县最高行政长官所在地。光绪二十六年（1900年）遭八国联军焚毁。

1-11 天津县署

12. 马嘎尔尼

乔治·马嘎尔尼（George Macartney，1733～1806），英国外交官、勋爵。生于爱尔兰。1769～1772年任爱尔兰事务大臣，1775～1779年任加勒比岛屿总督，1780～1786年任印度马德拉斯省督。

1792年，英国政府以补祝乾隆皇帝八十寿辰为名组成一个大型使团，即马嘎尔尼使团。使团成员涵盖了当时多个行业中的专家，包括植物、动物、机械等各个方面。该使团表面上是为了宣传英国、展示英国国力和了解中国，

1-12　马嘎尔尼

实质是要求在中国增开宁波、舟山、天津为通商口岸，降低关税，设常驻外交使节，开辟租界等。乾隆五十八年六月二十二日（1793年7月29日），该使团抵达大沽口，七月初五（8月11日），到达天津的三岔河口，对天津的繁华十分欣赏。马嘎尔尼提出的要求遭到清政府拒绝，于1794年离华。

马嘎尔尼使团在北京、天津及东南沿海地区做了大量的调查，甚至包括我国的民歌和植物种类。不仅如此，他们对中国沿海的军事力量也进行了深入的了解，连当时的炮台他们全都看过了，认为中国军队的实力不堪一击。

1-13　白河投书

13. "白河投书"

道光二十年七月十四日（1840年8月11日），英国驻华商务监督义律在大沽口向清政府递交照会——《巴麦尊（时任英国外交大臣）致中国皇帝钦命宰相书》，主要内容是抗议林则徐在广州的禁烟行动，要求清政府赔偿烟价、割让岛屿、赔偿军费等等。八月初四

（8月30日），钦差大臣、一等侯、文渊阁大学士、直隶总督琦善在大沽口的帐篷中与义律谈判。八月十四日（9月9日），琦善代表清政府基本上答应了英国照会中所提出来的一切要求。义律考虑到因季节关系无法发动攻势，遂同意返回广州继续谈判。此次40天的中英天津交涉活动史称"白河投书"。

14. 《天津条约》的签订

咸丰六年（1856年），英、法两国联合挑起第二次鸦片战争。咸丰八年四月初八（1858年5月20日），英法联军占领大沽炮台。四月十四日（5月26日），英法联军抵达天津三岔河口。四月十八日（5月30日），英、法、美、俄四国公使到达天津。

清王朝深知这次战争对津、京的严重性，尤其惧怕英、法等国会以大沽为香港，以天津为广州，不得不下决心，要以谈判的方式，解除因京城门户天津被武装占领所施加的压力。四月十六日（5月28日），清廷派大学士桂良、吏部尚书花纱纳前往天津与四国公使谈判。在侵略者的威逼之下，桂良、花纱纳代表清政府于五月初三（6月13日）、初八（18日）、十六日（26日）和十七日（27日）在天津的海光寺分别与俄、美、英、法四国签订了《天津条约》，主要内容是：赔款；各国公使驻北京；扩大领事裁判权；基督教和天主教可以进入内地自由传教；加开沿海、沿江的城市牛庄（后改营口）、登州、汉口、九江、镇江、台湾府（台南）、淡水、汕头、琼州和南京等十口为通商口岸。

1-14 《天津条约》的签订

15. 《天津条约续增条约》（即《北京条约》）的签订

咸丰十年九月十一日（1860年10月24日）和十二日（25日），清朝钦差大臣、恭亲王奕䜣在北京分别与英法两国签订了《天津条约续增条约》（即《北京条约》），规定开天津为通商口岸，并交换了"天津条约批准书"。由于西方列强的侵略，天津被迫开埠。

1-15 《天津条约续增条约》的签订

16. 天津租界图

天津被迫开埠后，外国侵略者在天津办理的第一件事就是强划租界。咸丰十年（1860年）和十一年（1861年），英、法、美三国分别在天津设立了租界。此后，清政府先后败于中日甲午战争和八国联军侵华战争，被迫同意德、日、俄、意、奥、比六国在天津设置租界，九国租界并立于天津，使天津成为全国乃至于全世界唯一一座拥有如此众多国别租界的城市。

租界的最高权力机构是董事会，下设行政机构——工部局（或公议局）。工部局（或公议局）实质上担任了租界政府的角色。

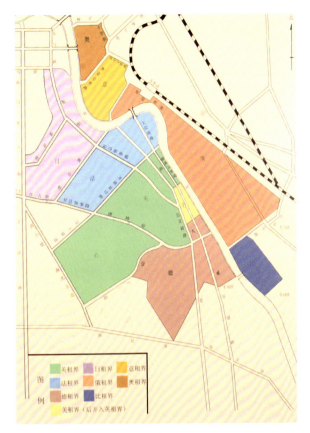

1–16　天津租界图

1–17　英租界工部局大楼

17．英租界工部局大楼（戈登堂）

位于今和平区解放北路，建成于光绪十六年（1890年）。为纪念天津英租界的开拓者——戈登，由英租界工部局董事长、英籍德国人、津海关税务司德璀琳（Detring Gustav von）建议修建。该建筑属于中古时期城堡风格，青砖外墙，屋檐为雉堞垛口状女儿墙，两端为八角形的塔楼，视野开阔。中间的楼门向前突出，以便于市民接近参与。建成后曾作为天津英租界工部局大楼，是19世纪天津体量最大的一座建筑物。该建筑大部分毁于1976年7月28日的唐山大地震。

18．英国驻津领事馆

位于今和平区泰安道与浙江路交口处（已被拆除）。

1–18　英国驻津领事馆

19．法租界公议局大楼

位于今和平区承德道12号。1929～1931年建成。二层混合结构带半地下室，局部三层，具有古典主义建筑风格。该楼在天津各租界统治机构建筑中，是现存规模宏大，艺术水准高超，保存最完好的西洋建筑。1945年驻津日军向美、中军队投降仪式即在此举行，被列为全国重点文物保护单位。

1-19 法租界公议局大楼

20. 法国驻津领事馆

位于今和平区承德道测绘处原址。

1-20 法国驻津领事馆

21. 德租界工部局大楼

该建筑位于德租界威廉路（今河西区解放南路），今不存。

1-21 德租界工部局大楼

22. 美国驻津领事馆

位于英租界咪哆士道（今和平区泰安道），兼管美租界事宜。

1-22 美国驻津领事馆

23. 德国驻津领事馆

德国初设"驻津领事代办处"，后升格为领事馆。光绪三十三年（1907年），在德租界威廉路（今河西区解放南路281号，今市政协礼堂右侧）兴建新馆。1945年由中国政府接收，先后为美军驻扎处和国民政府外交部平津特派员公署办公处。1976年唐山大地震，建筑震损坍塌。

1-23 德国驻津领事馆

24．日本公会堂

　　日本公会堂建于1914年，位于日租界福岛街（今和平区新华北路与多伦道拐角处）。天津日本居留民团经常在日本公会堂开会，讨论如何对日租界进行有效管理。

1-24　日本公会堂

25．日本驻津总领事馆

　　位于日租界宫岛街（今和平区鞍山道）。

1-25　日本驻津总领事馆

26．俄租界工部局大楼

　　位于天津站附近，今不存。

1-26　俄租界工部局大楼

27．俄国驻津领事馆

　　俄国领事馆最初由俄商开办的萨宝石洋行代办。后于光绪二十九年（1903年）在今河东区十一经路88号新建领事馆。1917年俄国十月革命后，该址改为苏联驻津总领事馆。

1-27　俄国驻津领事馆

28．意租界工部局大楼

　　位于意租界大马路（今河北区建国道）。

1-28　意租界工部局大楼

29．意大利驻津领事馆

　　位于意租界大马路（今河北区建国道52号）。

1-29　意大利驻津领事馆

30. 比租界工部局

位于今河东区大直沽地区。

1-30 比租界工部局

31. 比利时驻津领事馆

设于英租界华比银行内（今和平区解放北路中国建设银行天津分行）。

1-31 比利时驻津领事馆

32. 奥匈帝国驻津领事馆

位于今河北区海河东路与建国道交口东侧。该建筑为二层楼，属德奥风格，主楼和侧楼之间由走廊连接。一层设有两个会议室，二楼为办公用房。

1-32 奥匈帝国驻津领事馆

33. 天津的直隶总督署

总督为中国明清时期的地方军政大员，又称总制。明代始设。最初为临时官职，自成化五年（1469）两广再设总督后，其职始专，近于定制。

清军入关后，为便于统治地方，遂将总督定为一级专设官职（衔级为正二品，如加兵部尚书衔，则为从一品）。管辖一省或二三省。

直隶总督的前身是设于顺治五年（1648年）的直隶、山东、河南三省总督，当时预定的总督府设在直隶大名府。顺治十五年（1658年），直隶总督降为直隶巡抚。顺治十八年（1661年），复置直隶总督一职，驻地依旧位于大名。康熙八年（1669年，）裁撤总督一职。雍正元年（1723年），重设直隶总督一职，驻地改在省城保定。乾隆十四年（1749

年），直隶总督兼管黄河的防汛和治理工作。乾隆二十八年（1763年），直隶总督兼任直隶省巡抚。咸丰三年（1854年），长芦盐场的盐政划归直隶总督直辖。同治九年（1870年），清廷将天津、营口和烟台三个口岸的通商事宜划归直隶总督管理，并将三口通商大臣改为北洋通商大臣，同时将北洋通商大臣一衔授与直隶总督兼任。自此，直隶总督多驻在天津，只是在冬天外贸淡季时才回到省城保定。由于直隶省地处京畿要地，因此直隶总督被称为疆臣之首。

天津的直隶总督署建于清康熙二年（1663年），原为长芦盐政使署、三口通商大臣使署，同治九年（1870年）改为直隶总督署，地点在金华桥畔，直隶总督李鸿章、张树声、王文韶、荣禄、裕禄等人均在此处办公。

1-33 天津的直隶总督署

34. 严复

严复（1854～1921年），原名宗光，字又陵，后改名复，字几道。福建侯官人。同治五年（1866年）考入福州船政学堂。光绪三年

1-34 严复

至五年（1877～1879年），公派英国留学，先入普茨茅斯大学，后转到格林威治海军学院。留学期间，严复对英国的社会政治发生兴趣，涉猎了大量资产阶级政治学术理论，尤为赞赏达尔文的进化论观点。

回国后，他先到福州船政学堂任教习，光绪六年（1880年）调任北洋水师学堂总教习（后升为会办、总办）。之后还曾担任过京师大学堂译局总办、上海复旦公学校长、安庆高等师范学堂校长、清朝学部名辞馆总编辑等职。

严复积极倡导西学的启蒙教育，完成了赫胥黎《天演论》的翻译工作。在翻译《天演论》中，他以"物竞天择"、"适者生存"的生物进化理论阐发其救亡图存的观点，提倡鼓民力、开民智、新民德、自强自立、号召救亡图存。他还主办《国闻报》，鼓吹维新思想，使天津成为维新思想的发源地之一。他的著名译著还有亚当·斯密的《原富》、斯宾塞的《群学肄言》、孟德斯鸠的《法意》等。他第一次将西方的古典经济学、政治学理论以及自然科学和哲学理论较为系统地引入中国，启蒙与教育了一代国人，是中国近代史上向西方国家寻找真理的"先进的中国人"之一。

1-35 清末天津警察与天津巡警总局

35. 清末天津警察与天津巡警总局

光绪二十八年二月二十五日（1902年4月3日），都统衙门召开特别会议，制定了有关将天津移交给中国政府的"建议书"。根据都统衙门的"建议书"，三月初五（4月12日），各列强国家的驻津司令官们召开会议，提出了归还天津的二十九项"条款"，其中第五项规定："天津街市及都署所占境内，中国可设立警察兵，但不得过二千三百名之数"。为此，光绪二十八年四月（1902年5月），袁世凯在省城保定创办警察，以为接收天津之用。袁世凯直接采用西洋方法训练警察，并成立一所警务学堂以培训警察，取得了较好的成效。

由于中国政府的坚持，各占领国在他们之间矛盾日益加深的情况下，被迫同意清政府的要求。光绪二十八年六月十三日（1902年7月17日），双方达成有关接收天津的条件，并规定"允直督设立警察勇一队，以足敷河面安靖无事为主。虽河流距铁路有在二英里之内者亦可"，亦不再限制警察的人数。

光绪二十八年七月十二日（1902年8月15日），直隶总督兼北洋大臣袁世凯代表清政府正式将天津从都统衙门手中接收过来。在接收

的当天袁世凯即成立了天津巡警总局，将已在保定训练两个多月的2000名巡警开进天津，并将原属都统衙门巡捕局领导下的1000余名华人巡捕留用，将他们分布在城市各处，以维护社会秩序。中国警察从此在天津诞生了。

36. 天津县选举执照

为争夺对中国东北地区和朝鲜的统治权，清光绪二十九年十二月二十三日至三十一年八月初七（1904年2月8日~1905年9月5日），日本和沙皇俄国爆发了日俄战争。日俄战争以日胜俄败而告终。

1-36 宣统三年天津县选举执照

立宪国体的日本战胜了专制国体的俄国，震动了中国的朝野，他们大声疾呼中国也应向日本学习实行立宪国体。为挽救摇摇欲坠的统治，光绪三十二年七月十三日（1906年9月1日），清廷颁布《仿行立宪上谕》，正式宣告进入预备立宪阶段。清末新政时期的改革遂进入到最根本的国体改革上来。地方自治是立宪政治中的重要内容。清廷根据各方面的要求，谕令地方自治首先在直隶试办。袁世凯遂令在天津县试办地方自治，准备以此为试点，成功后再推行到直隶的其他州县，进而推广至全国。

光绪三十三年（1907年）夏季，天津县举行了中国历史上第一次地方选举。经过初选和复选，七月初九（8月18日）选出议长、副议长各一名和议员十名，组成天津县议事会。天津县议事会是中国最早成立的县议会，它的出现，标志着天津地方自治初战告捷。

37. 顺直咨议局

光绪三十四年（1908年），清政府颁布《钦定宪法大纲》，宣布以九年为预备立宪期，并命令各省成立咨议局。咨议局是省议会的"预备会"，即省一级立法机构的雏形。由于机构的立法性质使然，各省咨议局在成立之后都进行了积极的活动，程度不一地推动了清末政治民主化的进程。直隶于宣统元年九月初一（1909年10月14日）在天津成立了咨议局。在咨议局筹备期间和成立初期都被称为直隶咨议局。宣统二年九月（1910年10月）在召开第二次常年会前取得了对直隶境内的两个特别行政区——顺天府和热河都统辖区的行政审议权之后，被称作"顺直咨议局"。这是顺直咨议局外景，原址在今河北区中山公园内。

1-37 顺直咨议局

38. "老西开事件"

老西开亦称海光寺洼，本是位于天津旧城西南方向由中国政府管辖的4000余亩洼地。法租界当局为吞并这片土地，先由法国天主教在这里强买土地盖主教府、教堂、学校，随后擅自往老西开派巡捕。1915年又强迫老西开居民向法租界纳税。天津人民极为愤慨，各界群众联合起来，组织了维持国权国土会，以抵制法国的侵略扩张野心。1916年10月20日，法国驻津领事派兵将驻老西开的中国警察全部缴械，强占了老西开。法国的这一强盗行为，激怒了天津人民。10月21日，天津各界千余人在北马路商务总会举行抗议大会，并游行示威。不久，天津商界作出抵制法货的决议，各界群众8000人举行公民大会，通电全国与法国断绝贸易关系，法租界中的华籍工人成立罢工团组织领导罢工斗争，学生罢课、商人罢市，不少居民和商店也由法租界迁出，华籍警员罢勤，使法租界完全陷入困境。这场斗争得到天津各阶层人民的声援和物质支持，也得到全国各地的响应和支援，声势越来越大，斗争持续半年，终于迫使法租界当局不得不放弃公开侵占老西开的企图。

1-38 "老西开事件"

39. "五四运动"在天津的反响

1919年1月18日，第一次世界大战的战胜国（协约国）和战败国（同盟国）在巴黎的凡尔赛宫召开和平会议。会议标榜通过媾和建立世界永久和平，实际上是英国、法国、美国、日本、意大利等帝国主义战胜国分配战争赃物、重新瓜分世界、策划反对无产阶级革命和民族解放运动的会议。在中国人民的要求下，中国代表团向和会提出收回战前德国侵占中国胶州湾、胶济铁路和山东的一切权利。日本竟然要求和会同意将德国的侵华权益转移给日本，并得到英、法的支持。由于美、日在太平洋和远东地区的矛盾，美国对日本的侵华野心起初持警惕态度，并表示支持中国主张。后日本以拒绝在和约上签字和退出和会相要挟，迫使美国最后放弃了对中国的支持。

1919年5月1日，北京大学的一些学生获悉和会拒绝中国要求的消息。当天，学生代表在北大西斋饭厅召开紧急会议，决定5月3日在北大法科大礼堂举行全体学生临时大会。

5月3日，北京大学学生举行大会，号召大家奋起救国。最后定出四条办法，其中就有第二天齐集天安门示威游行的内容。

5月4日，伟大的"五四"爱国学生运动爆发了。5月5日，天津学生通过集会、演讲、游行、通电等方式声援北京学生。这是北洋大学的游行队伍。

1-39 "五四运动"中北洋大学的游行队伍

40. 觉悟社

1919年9月16日，周恩来、马骏、刘清扬、郭隆真、邓颖超等20名爱国青年在草厂庵天津学生联合会内举行会议，发起组织了学生革命团体——觉悟社，出版《觉悟》刊物（由周恩来任主编）。这是觉悟社旧址——今河北区宙纬路三戒里9号（后改为4号）。

1-40 觉悟社

41. 女星社

1923年春，邓颖超、李峙山发起组织了天津女青年革命团体——女星社，出版《女星》旬刊。

1-42 天津社会主义青年团小组的创立

1-41 女星社

42. 天津社会主义青年团小组的创立

1920年11月，在李大钊的领导下，北京共产党小组成员、北洋大学学生张太雷在天津建立了社会主义青年团小组。这是中国共产党成立前继上海、北京之后建立的早期地方青年团组织。天津社会主义青年团小组旧址位于意租界大马路（今河北区建国道91号）。该小组编辑、出版了《来报》，宣传马克思主义。

43. 中国共产党天津地方执行委员会的诞生

1924年3月，中共天津党小组成立，7月，中共天津地方执行委员会在法租界二十四号路普爱里34号（后改为和平区长春道普爱里21号〈已拆〉）共产党员江浩的住宅中建立，于方舟任委员长、江浩负责组织，李锡九负责宣传。从此，天津人民在中共天津地委的领导下，将革命推向新的发展阶段。

1-43 中共天津地委成立时的旧址

44. "五卅运动"在天津

1925年5月30日，日本帝国主义在上海制造了震惊中外的"五卅惨案"，激起全国人民的极大愤怒。在中国共产党的领导下，天津人民迅速掀起了反帝爱国运动的高潮。

1-44 "五卅运动"期间天津人民的示威游行队伍

45. 中共顺直省委的建立

"顺"指顺天府（共辖北京及其附近二十四州县），"直"指直隶省（即今河北省）。第一次国内革命战争失败后，为了领导北方人民继续斗争，1927年6月，中共顺直临时省委在天津成立，彭述之任书记，刘伯庄任组织部长，李季达任宣传部长。临时省委的任务是；振奋党的组织，从速成立正式省委，派特派员赴各地巡视工作，积极与各地党组织恢复联系。同年8月1日，中共顺直省委在天津正式

成立，彭述之任书记，刘伯庄负责组织工作，李季达负责宣传工作。中共顺直省委还在天津出版了《顺直通讯》、《北方红旗》等刊物，指导天津人民的斗争。从此，天津人民在中共顺直省委的领导下，向反动派继续展开不屈不挠的斗争。

1-45 中共顺直省委旧址
（今和平区山西路耀华里2号）

46. "一二·一八"抗日救国示威游行

1935年下半年，日本帝国主义发动一系列事件，进一步蚕食和侵犯华北地区，而国民党政府继续坚持不抵抗政策。

失地丧权、亡国灭种的大祸迫在眉睫，民族危机空前严重。处在国防最前线的北平学生，痛切感到"华北之大，已经安放不下一张平静的书桌了"。在中共北平临时工作委员会的领导下，1935年11月18日，北平市大中学校学生联合会成立。随后，学联决定以请愿的方式，发动一次抗日救国行动。12月6日，北

平15所大中学校发表宣言，反对华北"防共自治"，要求国民党政府讨伐殷汝耕，宣布对日本的外交政策，动员全国对敌抵抗，切实开放人民言论、结社、集会自由。这时，传来冀察政务委员会将于12月9日成立的消息，北平学联党团决定在这一天举行抗日救国请愿示威游行活动。

1935年12月9日，北平爆发了"一二·九"爱国学生运动，天津学生迅速响应，在12月18日，天津的爱国学生发起了有史以来从未有过的规模巨大的抗日救国示威游行，要求停止内战，一致对外。"一二·九"爱国学生运动和"一二·一八"示威游行，标志着平津和华北地区抗日救国运动达到了新的高潮。

1-46 "一二·一八"抗日救国示威游行

47. "五·二八"爱国运动

"一二·九"爱国学生运动和"一二·一八"示威游行之后，日本帝国主义

加紧侵略华北，形式发生了急遽的变化。

1936年5月6日，日本与冀察政务委员会秘密签订了"华北防共协定"，规定国民革命军第二十九军退至河北省南部，日军进驻平津，消灭抗日运动等。日本军国主义还向驻扎在华北地区的日本中国驻屯军大量增兵，由八千人骤增至两万人，并进占北宁铁路（北平至辽宁沈阳），妄图不战而占领华北的大片土地。与此同时，他们又在天津制造"海河浮尸案"，将为其修建秘密工程的中国人大肆杀戮。

面对日本军国主义的步步紧逼和亡国灭种的巨大危险，在中国共产党的领导下，1936年5月28日，天津爆发了以反对日本增兵华北、反对华北特殊化、停止内战一致对外、清查海河浮尸案为口号的抗日救亡大示威。

"五·二八"爱国运动，成功地实现了由抗日救国向抗日救亡新的斗争目标的转变，将天津的抗日救亡运动推向了新的高潮。

1-47 东北角官银号附近的示威游行

48. 中共河北省委在天津成立

"卢沟桥事变"后，为领导天津及周围地区的抗日斗争，中国共产党利用天津租界的有利形势，于1937年7月中旬，在天津重建了河北省委，负责领导北平市委、天津市委、冀东特委及华北人民抗日自卫委员会，马辉之任省委书记。

1-48 河北省委在天津的办公地点
（今和平区南京路福顺里）

49. 中共平津唐点线工作委员会在天津成立

抗日战争爆发后，中国共产党在将工作重心放在广大农村建立抗日根据地、开展敌后游击战争的同时，也十分重视开展沦陷区的抗日斗争，特别是被日军占领下的北平、天津等重要城市和交通要道的工作。1938年7月，中国共产党领导了冀东大暴动。为就近领导河北省的抗日斗争，根据中共中央的决定，河北省委撤离天津，转移至冀东。为继续领导北平、天津、唐山三个城市的抗日斗争，9月，中共平津唐点线工作委员会在天津西开教堂附近的世昌里成立，下辖北平、天津、唐山三个城市工作委员会，葛琛任书记。

1-49 世昌里旧址

50. "天津事件"

1939年4月9日，伪天津海关监督兼伪中国联合准备银行天津分行经理程锡庚，在英租界大光明电影院被国民党军统局天津站外围组织"抗日杀奸团"（亦名"抗日锄奸团"）暗杀。日本天津防卫司令官兼日军第二十七师团师团长本间雅晴中将以英租界当局拒绝引渡杀人嫌疑犯为借口，于6月14日封锁了英、法租界，挑起了"天津事件"（又名"天津租界事件"）。在日本的威胁与逼迫下，英国政府一再妥协，于7月24日签订了《有田—克莱琪协定》。该协定实际上是英国放任日本侵略中国、纵容日本掠夺中国的政治丑行，是"东方慕尼黑"阴谋活动的严重步骤。

1-50 "天津事件"中日军封锁英、法租界时的情景

51. "治安强化运动"

从1941年3月至1942年12月，为确保华北占领区的安全与建立"大东亚战争兵站基地"的需要，日伪当局推行了五次极端残酷的"治安强化运动"。天津是华北的中心城市，日伪当局先后制定了一系列旨在加强殖民统治的政策和措施，给天津人民带来了无以言状的深重灾难，使抗日根据地和中国共产党的城市工作进入异常困难时期。

1-51 日伪组织的有关"治安强化运动"

52. 抗议美军暴行运动

抗日战争胜利后，美国以代表盟国接受侵华日军投降的名义，派遣大批军队进驻平、津等大城市。美军以胜利者的姿态，在平、津等地恣意妄为，杀人、抢劫、车祸、强奸，无恶不作。

1946年12月24日，发生了驻平美军强奸北京大学女生沈崇事件。这一暴行激起全国人民的极大愤慨，北平学生率先发动了抗议美军暴行斗争，举行了声势浩大的示威游行。抗暴运动如干柴烈火，很快燃遍全国。

深受驻津美军暴行之苦的天津人民对美军的横行霸道早已怒火万丈，当"沈崇事件"传到天津后，天津各校学生更是怒不可遏。在中国共产党的领导下，1947年1月1日，天津各校学生举行了规模宏大的抗议美军暴行的示威游行。这是天津各校学生举行抗议美军暴行的示威游行队伍。

1-52 抗议美军暴行的示威游行

53. "五·二〇"爱国学生运动

国民党反动派挑起全面内战后,为维持庞大的战争机器的运转,对人民不断压榨,导致严重的经济危机。经济危机造成教育事业日趋衰落。随着物价飞涨,学费也狂涨不已,师生的生活困苦不堪。为反饥饿、反内战,1947年5月20日,在中国共产党的领导下,天津学生爆发了"反饥饿、反内战"爱国学生运动。爱国学生运动由此发展成为反抗国民党反动统治的"第二条战线"。

1-53 "五·二〇"爱国学生运动中以北洋大学为首的北路游行队伍

第二章

经济篇

故影
遗存

自古以来，位于运河与渤海交汇处的天津地区就是航运枢纽和盐业重要产地。清雍正三年（1725年），天津改卫为州之后，地区经济得到了进一步发展。至咸丰十年（1860年）被迫开埠前，天津已经成为华北地区最大的商贸港口城市。

开埠后，随着西方势力的不断涌入，近代西方经济模式不断冲击天津旧有经济格局，传统小农经济和家庭手工业受到极大冲击。随着旧经济体系的瓦解，新型经济模式应运而生。

纵观整部近代天津经济史，其基本可以分为八个时期：

一、酝酿时期（1840～1865年，即第一次鸦片战争至天津洋务运动兴起前）

清道光二十年（1840年），英国挑起第一次鸦片战争，并强迫清政府签订《南京条约》，中国从此进入半封建半殖民地社会。

第一次鸦片战争后，天津经济并未受到很大冲击，仍然维持原有体系。为使清王朝彻底臣服，更大范围打开中国门户，倾销商品，攫取利益，咸丰六年（1856年），英、法两国发动第二次鸦片战争，并于咸丰十年（1860年）逼迫清政府签订《北京条约》。根据该条约，天津被辟为通商口岸。

开埠后，清政府专设"三口通商大臣"，常驻天津，后又设立天津海关，天津逐渐成为当时中国北方对外贸易的管理中心。与此同时，以英商仁记洋行、怡和洋行为代表的一批洋行的出现，也加强了天津与沿海各口岸及西方诸国的经济联系。然而，此时的天津开埠时间尚短，近代经济贸易发展仍处于起步阶段，传统经济模式依然表现出顽强的生命力，西方列强欲将天津纳入世界经济体系之中的计划暂时受挫。

二、初创时期（1866～1899年，即洋务运动时期）

这一时期，天津对外贸易有了较大发展。《海关贸易年报》显示，天津每年须进口纺织品、棉纱、煤油、五金器械、军火等大量货物，这些商品中小部分供天津本地消费，大部分则销往直隶、山东、河南、山西等贸易腹地。至19世纪末，天津已成为仅次于上海的中国第二大通商口岸。

对外贸易带动了天津工商业的发展，成为天津城市发展的龙头。另一方面，"洋务运动"的兴起也为天津经济发展创造了良好契机。

咸丰十一年（1861年），洋务派首领之一、两江总督曾国藩创办安庆内军械所，标志着洋务运动从理论探讨进入到实施阶段。从此，洋务运动盛行于全国。事实上，此前洋务派"自强"、"求富"的理念已在天津的官绅阶层中有了广泛影响。

同治五年（1866年），为装备直隶驻军，洋务派最高首领、恭亲王奕䜣奏准在天津兴建天津军火机器总局，并委派三口通商大臣崇厚全权管理。该机器局成为天津地区第一家近代化企业。

同治九年（1870年），李鸿章接掌直隶总督（后兼任北洋大臣），他在接管天津军火机器总局后将其更名为"天津机器局"。为达"自强"之目的，李鸿章除加大发展天津机器局外，还在天津兴办了大沽船坞、天津行营制造局等一系列近代军工企业。同时，为振兴本国产业，实现"求富"目的，在李鸿章的倡导下，天津地区又创建了众多官办民用企业，如天津电报总局、开平煤矿、中国天津铁路公司、轮船招商局天津分局等。

随着口岸贸易的发展，西方列强对天津经济的影响也不断增强，一大批外资企业（如英商大沽驳船公司、法商永兴洋行瑞兴蛋厂、丹麦大北电报公司、天津利顺德大饭店等）、洋行（如英商太古洋行、德商兴隆洋行等）、银行（如英国麦加利银行、俄国华俄道胜银行、德国德华银行、日本横滨正金银行等）纷至沓来。中国在经济角逐中明显处于劣势，丧失了大量利权。为"敌洋厂而保利源"，在洋务运动的带动下，一批近代化的民族企业相继在天津出现，其代表有贻来牟机器磨坊、天津自来火公司、天津织绒厂、天津硝皮公司、天津化学公司等。这些中国人自己兴办的民族企业，虽以振兴实业，挽回利权为宗旨，但因受到资金、技术、人员、设备等的制约，无法抵消外资企业对天津市场的冲击与占有，从而处境艰难。

三、民族经济崩溃时期（1900～1902年，即"都统衙门"统治时期）

光绪二十六年（1900年），为镇压义和团运动，进一步实现侵略瓜分中国的野心，英、法、德、意、奥、俄、美、日等八个帝国主义国家组成联军，侵入中国。联军于六月十八日（7月14日）占领天津，并大肆烧杀抢掠，洋务运动期间开办的许多军事工业（如天津机器局、大沽船坞）几乎全部毁于战火，天津的民族经济也遭到重大打击，几近崩溃。

此后，联军组成"都统衙门"对天津实行殖民统治。在此期间，英、法、德、日等国依仗军事实力，大肆在津投资建厂。在都统衙门统治天津两年中，就有英商仁记洋行洗毛厂、法商大沽造船厂、德商天津济安自来水股份有限公司、日商三友铜精炼厂等十余家外资企业开业。这些企业通过各种特权，在华攫取了大量的原材料和资产，同时也使天津的民族产业陷入了极端困窘的境地。

四、恢复时期（1902～1911年，即北洋新政时期）

光绪二十六年十二月初十（1901年1月29日），清政府发布"变法上谕"，宣告"清末新政"正式实施。翌年七月十二日（1902年8月15日），直隶总督兼北洋大臣袁世凯从都统衙门手中收回对天津的管辖权，天津地区也由此进入"新政时期"。因天津地处"北洋"，归北洋大臣管辖，所以天津的"清末新政"又称"北洋新政"。

接管天津后，袁世凯实行了一系列措施，使近于崩溃的地方经济逐渐得到恢复。

首先，袁世凯组织设立了直隶工艺总局，委派自己的姻亲、天津候补道周学熙兼任总办，全权负责天津经济的恢复与发展事宜。直隶工艺总局自办考工厂、实习工厂和劝业铁工厂，并引导和支持民间创办实业活动，先后扶持天津织染缝纫公司、天津机器玻璃厂等许多企业。在此背景下，民营实业得到快速发展，其中最典型的是三条石地区的机械、铸造工业。由于得到政府支持，天津的工商业迅速发展壮大。据不完全统计，到北洋新政末期，天津民族工业已发展到137家，资本总额达2920万元。

其次，天津商会建立，其成为政府与民族工商业者之间的一座桥梁，进而帮助政府通盘筹划国计民生问题。

光绪二十九年三月（1903年4月），天津商务公所（不久更名为天津商务总会）正式成立，其随后立即着手与各行业公会进行全面研究，筹划维持办法，协助户部银行发行纸币，建立银元本位制度，禁止制钱流通并拨出官款接济市面。通过实行一系列措施，市面得以逐渐安定。

通过上述举措，天津的民族工商业逐渐得到恢复，并超过了战前水平。同一时期，外资企业也加大了对天津的投资，主要涉及金融和进出口贸易。据不完全统计，光绪三十一年（1905年），天津共有洋行164家，转年又增至232家，超过战前水平数十倍。这些都表明天津的经济地位得到飞速提高。

五、鼎盛时期（1912—1928年，即北洋政府统治时期）

1912年1月1日，中华民国成立。3月10日，袁世凯继任临时大总统，标志着长达17年的北洋政府统治时期的开始。

北洋政府统治时期，政潮迭起，战乱不

断，但天津民族经济却得到了很好发展，并臻于鼎盛。这一时期，天津民族企业发展总体呈现如下特点：

1. 行业渐趋齐全，资本成倍增加

据不完全统计，1912～1928年，天津的民营厂家约有2471家，总资本约8243万元，涉及纺织、化工、食品、五金等66个行业。与清宣统三年（1911年）相比，厂家增加了23倍，资本额增加了近12倍，行业增加了4.4倍。

2. 产业结构偏重于轻工业

由于投资少、见效快，很多投资人将资金投向轻工业。据不完全统计，轻工业企业共有2273家，约占全部厂家的92%；投资约为6573万元，约占总资本额的82%。这些数据显示出天津轻工业快速发展的态势，但也表明天津重工业的基础仍十分薄弱。

3. 大部分民族工业资本有机构成低、规模小、设备简陋

天津民族工业的投资者，除北洋军阀、北洋政客与清朝遗老遗少外，大部分是中小官僚和商人。由于其财力有限，故多数工厂资本额都很少。以纺织工业为例，在总数803家中，资金在万元以下的有736家，约占95.8%。因此，多数企业资金周转困难，难以扩大再生产。

虽然遭遇到一些阻碍，但北洋政府统治时期的天津民族经济仍在坎坷中铿锵前行，并有了不小的发展，究其原因，主要在于：

1. 政府的大力支持

出于军事与政治的需要，北洋政府颁布了《公司保息条例》、《商人通例》、《公司通例》、《公司注册规则》等一系列政策与法令，支持、鼓励民族经济发展。

2. 世界局势与中国形势的重大变化

1914～1918年，第一次世界大战期间，各帝国主义国家忙于战争，对华出口锐减，反而从中国进口大量军需物品，这就为天津民族经济的发展提供了很好的契机。

第一次世界大战结束后，随着中国人民爱国情绪的不断高涨，抵制洋货、购买国货的运动层出不穷，这无疑也推动了天津民族经济的不断发展。

3. 北洋军阀、北洋政客与清朝遗老遗少的官僚资本大量投资于工矿企业

随着民族工业的发展，超额利润大大吸引了北洋军阀、北洋政客与清朝的遗老遗少们，加之很多企业设在租界内，投资的安全度很高，所以他们将搜刮来的财富，投资于天津的工矿企业。据不完全统计，他们投资的厂矿企业共约40家，总额约达4600万元左右。北洋军阀、北洋政客与清朝遗老遗少的大量投资，客观上推动了天津民族经济，使其得到突飞猛进的发展。

在民族经济迅猛发展的同时，外资经济也大举入侵。第一次世界大战结束后，英、美、日等国卷土重来，在天津大肆投资，主要涉及金融、进出口贸易和各类工业企业。

六、曲折发展时期（1928～1937年，即土地革命战争时期）

1928月6月，北洋政府垮台，中国的政治、经济重心由北京、天津移至南京、上海。政治地位的衰落，并未直接导致地区经济的衰落。这一时期，天津经济在困境中呈现出曲折发展的态势。造成此种状况的主要原因有：

1. 国民党政府的支持

为振兴经济以加强政治、军事实力，国民党政府在行政院下设实业部，并制定了《特种工业保息及补助条例》、《小工业及手工艺奖励规则》等一系列优惠条例措施，其中裁厘改税、改订海关税则以及币制改革等方面内容对天津民族经济发展影响很大。

2. 颁布相关法律，保障经济发展

国民党政府先后颁布《工厂法》、《矿业法》等，从法律层面对劳资关系、工人待遇、矿产勘探与开采做出了规定，为天津民族经济的发展提供了保证。

3. 西方国家在天津投资飞速增长

1929年爆发了世界性的经济危机。为尽快摆脱困境，英、法、美、德、意等西方国家加紧对中国实施商品倾销，并对金融、贸易、运输、工矿等行业领域加速投资，这些都直接或间接推动了天津经济的发展。

4. "九·一八"事变后日本加速对天津的经济扩张

"九·一八"事变前，日本在津投资虽已加强，但由于受英、美等国的打压，始终未能获得太大发展。"九·一八"事变后，随着侵华脚步的加快，日本加紧在天津进行经济扩张。这给天津民族工业造成了很大冲击，大批民营企业被迫倒闭。虽然东亚毛呢纺织股份有限公司、仁立毛纺股份有限公司、永利化学工业公司等一些现代企业逆境中仍有较快发展，但也无法抵消民族经济整体衰落的趋势。

七、工业经济畸形发展时期（1937～1945年，即抗日战争时期）

1937年7月7日，日本发动全面侵华战争。同年7月30日，天津沦陷。日本占领天津后，对天津工商业进行了洗劫式的掠夺。特别是，为达到控制资源的目的，日本通过"军事管理"、"委任经营"、"中日合办"、"租赁"和"收买"等形式对天津工矿业进行了掠夺兼并，天津的民族工矿业因而遭到严重破坏。

抗日战争进入到相持阶段后，为解决战略

物资严重匮乏的难题，日军提出"以战养战"策略。为实现此目的，除扩建掠夺过来的原有工矿企业外，日本还在津新建了钢铁、机械、电力、化工、橡胶、纺织、造纸、火柴、建材、制药、皮革等各种工厂。这些举措客观上使天津工业生产能力有了大幅度的提高，天津的工业经济呈现出畸形发展的状况。

为满足战争需要，日本除提高天津工业生产能力之外，对农业、盐业、金融、商业、外贸等均进行了严密控制和野蛮掠夺，使这些行业难于发展，严重萎缩。

八、衰退时期（1946～1949年，即解放战争时期）

1945年8月14日，中国人民取得了抗日战争的全面胜利。此后，为抢夺胜利果实，国民党政府派出大批"接收"大员来到天津。为满足四大家族的贪欲，国民党政府不仅在接收日伪工厂、银行和商店的基础上建立"公营企业"，使四大家族的官僚资本在天津得到极大膨胀，而且还将部分敌伪掠夺的天津民族产业加以变卖，侵占瓜分巨额财富。这种竭泽而渔的方式，使天津民族经济又遭重挫。

随着国民党军队在解放战争中的不断失利，国民党政府在统治区内的掠夺更为变本加厉。国统区内充斥着大量美国倾销商品，市面

通货膨胀日益严重，各类苛捐杂税层出不穷，加之能源短缺、原料匮乏、管理不善、贪污腐败等原因，到天津解放前夕，天津的民族经济已全面衰落，濒于崩溃。

总的说来，近代天津经济经历了一个坎坷的发展历程。作为中国较早开放的通商口岸城市之一，天津因贸易的发展而一跃成为中国北方的经济中心。洋务运动的开展，北洋实业的勃兴都曾使天津的城市经济焕发出明亮光彩。然而，由于受半殖民地半封建社会制度的束缚，近代天津经济始终无法走出困境，更难以找到自己独立发展的道路。近代百年的历史证明，只有在中国共产党的英明领导之下，天津的经济才能取得辉煌的发展。

2-1 《潞河督运图》

1. 《潞河督运图》（部分）

潞河也称白河、北运河，北通北京，东南通天津，与南北大运河相接，可达杭州；经海河，可出渤海海口。潞河曾是京都生命之河。该图为清乾隆年间大画家江萱所绘，描绘了18世纪时天津三岔河口一带漕船相衔、两岸商铺林立的繁荣景象。

2. 营田图

光绪元年（1875年），淮军大将、广西右江镇总兵周盛传率"盛字军"在天津小站地区屯田，开地1130余亩，种植水稻，为天津"小站稻"的起源。

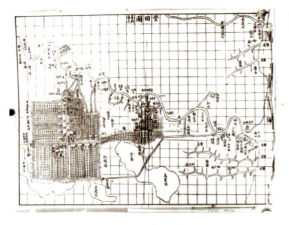

2-2 营田图

3. 天津海关成立

咸丰十一年（1861年），天津海关成立，法国人克士可士吉（Kleczkowski，1818～1886年）为首任税务司（即关长）。关址初设于东浮桥（今河北区金汤桥）附近。同治元年（1862年），迁至紫竹林英、法租界交界处（今和平区营口道2号）。

2-3 天津海关外景

4. 英商仁记洋行天津分行的成立

道光十五年（1835年），英商仁记洋行（Glbb.Livingston & Co.）在广州成立。同治三年（1864年），设立天津分行。20世纪初，其与英商怡和洋行天津分行、英商太古洋行天津分行、英商新泰兴洋行天津分行号称"四大洋行"。

2-4 英商仁记洋行天津分行办公大楼

5. 英商怡和洋行天津分行的成立

怡和洋行（Jardine Matheson）于道光十二年六月初四（1832年7月1日）在广州成立，道光二十二年（1842年）总公司从广州迁至香港，主要从事鸦片及茶叶的买卖。同治三年（1864年），怡和洋行在天津设立分行。

2-5 英商怡和洋行天津分行

6. 天津电报总局

1837年，英国人库克和惠斯通设计制造了第一个有线电报系统。1844年5月24日，美国人莫尔斯发明了使用点、划和空白的组合来表示字母的"莫尔斯电码"。从此，有线电报风靡全球。

同治十年（1871年），丹麦大北电报公司秘密从海上将海缆引出，沿扬子江、黄浦江敷设到上海市内登陆，并在今南京路12号设立报房，同年四月十六日（6月3日）开始发报。这是我国境内出现的第一条电报线。同治十二年（1873年），法国驻华人员威基杰编成了第一部汉字电码本。同年，华侨王承荣与王斌研制出我国第一台电报机。光绪三年九月初五（1877年10月11日），从台湾的旗后（今高雄）至府城（今台南）架设成中国人自己修建、自己管理的第一条电报线。

光绪五年（1879年），李鸿章建成从大沽炮台以及从天津机器局至直隶总督署两条电报线。这是中国大陆自主建设的第一条军用电报线路。

光绪六年（1880年），李鸿章在天津设立电报总局，并在天津设立电报学堂以培养相关人才。光绪七年十一月初四（1881年12月24日），津沪电报线路全线竣工并正式开放营业，收发公私电报，是中国自主建设的第一条长途公众电报线路。

2-6 天津电报总局职员在进行训练

7. 开平煤矿

天津机器局建立后，从英国进口了大批近代机器。这些机器的运转，需要大量动力用煤，而进口煤炭价格昂贵。因此，李鸿章于光绪四年（1878年）在天津成立了开平矿务局（对外名称为中国机矿公司），开采唐山附近的煤矿，并于光绪七年（1881年）投产。这是开平矿务局办公大楼外景。

8. 中国天津铁路公司

希腊是第一个拥有路轨运输的国家，至少在2000年前已有马拉的车沿着轨道运行。1825年9月27日，英国斯托克顿——达灵顿铁路正式通车，英国遂成为世界上第一个拥有蒸汽火车铁路的国家。

光绪二年（1876年），英国采取欺骗手段擅筑的吴淞铁路成为中国土地上出现的第一条铁路。这条铁路在经营了一年多时间后，被清政府赎回拆除了。为运输煤炭，光绪七年（1881年），开平矿务局总办唐廷枢成立了开平铁路公司，并委托英国人修建了唐山至胥各庄铁路。从而揭开了中国自主修建铁路的序

2-7 矿务局办公大楼

幕。光绪十三年（1887年），李鸿章将开平铁路公司更名为中国铁路公司。因设在天津，后又改为中国天津铁路公司。

2-8 中国天津铁路公司办公场所

9. 詹天佑

詹天佑（1861～1919年），字眷诚，号达朝。广东南海人，同治十一年（1872年），作为首批留美幼童赴美，后毕业于美国耶鲁大学土木工程专业。光绪十三年（1887年），被中国天津铁路公司聘为工程师，负责天津至塘沽的铁路铺轨任务，从此开始了献身中国铁路事业的光辉一生。后主持修筑了中国第一条自建铁路——京张铁路。

2-9 詹天佑

10. 轮船招商局天津分局

以"自强"为口号的洋务派举办的军事工业，由于在中国缺乏社会经济发展的稳固基础而困难重重：经费来源枯竭，原料、燃料供应不上。为了挽回沿江沿海的航运业利权，抵制外轮的侵夺，同治十一年十一月十六日（1872年12月16日），李鸿章在上海正式成立了"轮船招商局"。这是洋务运动中由军工企业转向兼办民用企业、由官办转向官督商办的第一个企业。"轮船招商局"总局在上海成立的同时，天津分局也成立了。

2-10 轮船招商局天津分局办公大楼

11. 天津利顺德大饭店

天津利顺德饭店（Astor Hotel），是天津历史上第一家外资大饭店，也是天津租界区现存极少的19世纪早期建筑之一。同治二年（1863年），英国圣道堂牧师约翰·殷森德（John Inno—Cent）在天津英租界内购地6亩，建造了瓦楞铁顶英式平房，创建了这个旅馆。饭店名称"利顺德"出自孟子"利顺以德"。同治五年（1866年），天津怡和洋行买办梁炎卿与英籍德国人德璀琳、英国人殷森德等集资，将其改建为三层楼房，转角塔楼五层，占地3200平方米，建筑面积6200平方米。利顺德饭店在天津影响很大，许多名人来天津时都曾在此下榻，被列为全国重点文物保护单位。

2-11 天津利顺德大饭店

12. 英国麦加利银行

光绪二十二年（1896年），英国麦加利银行天津分行成立。1926年，建成新的营业大楼（今解放北路153号）。

2-12 英国麦加利银行

13. 俄国华俄道胜银行

俄国的华俄道胜银行于光绪二十二年（1896年）在天津设立分行（今和平区解放北路123号）。

2-13 俄国华俄道胜银行

14. 德国德华银行

光绪二十三年（1897年），德国的德华银行在天津设立分行（今和平区解放北路108号）。

2-14 德国德华银行

15. 日本横滨正金银行

光绪二十五年（1899年），日本横滨正金银行在天津设立分行。1926年，新的营业大楼建成（今和平区解放北路80号）。

2-15 日本横滨正金银行

16. 直隶工艺总局

为重振直隶（特别是天津）经济，光绪二十九年（1903年），袁世凯设立直隶工艺总局，全权负责直隶（特别是天津）经济的恢复与发展事宜，并委派自己的姻亲、天津候补道周学熙兼任总办。

2-16 直隶工艺总局

17. 周学熙

2-17 周学熙

周学熙（1866～1947年），字缉之，号定吾、止庵、卧云居士。安徽至德人。举人出身。近代民族工业创始人之一，与张謇并称"南张北周"。

同治十一年（1872年），周学熙随父亲周馥从南京移居天津。光绪二十三年（1897年）进入开平矿务局，第二年升任会办，不久又升任总办。这是他接触新式工矿企业的开始。光绪二十七年（1901年）秋天，被清政府派往山东济南。当时山东巡抚袁世凯正在推行教育改革，筹办山东大学堂，便委任他任大学堂的总办。袁世凯非常赏识周学熙办学堂中表现出来的才干，不久袁世凯指名将其调入直隶，委任为天津候补道兼办直隶银元局。次年，赴日本考察。回国后提出创办"直隶工艺总局"，得到袁世凯的认可，并委任他为总办。

18. 天津造胰公司

严智怡、宋则久于光绪三十一年（1905年）创办了天津造胰公司，厂址在大虹桥。该厂产品曾荣获1915年巴拿马赛会金奖。

2-18 天津造胰公司营业部

19. 天津商务公所

光绪二十九年三月（1903年4月），天津商务公所（不久更名为天津商务总会）正式成

2-19 天津商务公所

立，成为政府与民族工商业者之间的一座桥梁，并帮助政府通盘筹划国计民生问题。

20. 法国东方汇理银行天津分行

光绪三十三年（1907年），法国东方汇理银行在天津设立分行（今和平区解放北路77号）。

2-20 法国东方汇理银行天津分行

21. 周叔弢

2-21 周叔弢

周叔弢（1891～1984年），名暹，以字行。安徽至德人。周学熙之侄。著名实业家和文物收藏家。曾任唐山华新纱厂经理、天津华新纱厂经理、启新洋灰公司总经理等职。

22. 裕元纱厂

1918年建成投产，为天津金城银行总董王郅隆、安徽督军倪嗣冲及日商大仓洋行合资创办。厂址在小刘庄。

2-22　裕元纱厂厂房

23．恒源纱厂

1919年章瑞庭创办，厂址在河北西窑洼。

2-23　恒源纱厂

24．北洋纱厂

建于1920年，厂址在今河西区挂甲寺。

2-24　北洋纱厂办公楼

25．宝成纱厂

1922年建成投产，厂址在河东郑庄子。

2-25　宝成纱厂

26．寿星面粉公司

建于1915年，为中日合资企业。1919年因抵制日货而停办。

2-26　寿星面粉公司

27．寿丰面粉公司

1925年，孙俊卿、杨西园等人接办寿星面粉公司后改名组建。该公司后来发展成为华北地区规模较大的轻工企业，下设三个分厂。

2-27　寿丰面粉公司

28. 大丰面粉公司

1921年成立，厂址在城西赵家场。1932年与寿丰面粉公司合并，为寿丰面粉公司二厂。

2-28 大丰面粉公司

29. 民丰面粉公司

1923年建成开业，地址在河东梁家嘴，生产"斗牌"面粉。1933年并入寿丰面粉公司，为寿丰面粉公司三厂。

2-29 民丰面粉公司

30. 天津久大精盐公司

1914年，范旭东与张謇、梁启超等人在天津塘沽创办了中国第一家精盐厂——天津久大精盐公司。

2-30 天津久大精盐公司

31. 范旭东

2-31 范旭东

范旭东（1883~1945年），名锐，以字行。湖南湘阴人。是中国化工实业家，中国重化学工业的奠基人，被称作"中国民族化学工业之父"。创办了天津久大精盐公司。

32. 天津永利化学工业公司之永利碱厂

1917年，范旭东、陈调甫等人在天津塘沽创办了中国第一家制碱厂——天津永利化学工业公司之永利碱厂。几经奋斗，终于打破了西方国家的技术垄断，生产出优质纯碱——"红三角牌"纯碱，为中国化学工业的发展奠定了基础。

2-32 天津永利化学工业公司之永利碱厂

33. 侯德榜

2-33　侯德榜

侯德榜（1890～1974年），字致本。福建闽侯人。著名化学家。1922年，应范旭东之邀创办永利碱厂，任技师长兼厂长。1926年首创"红三角牌"纯碱并成功打入国际市场。1943年研制成功"侯氏制碱法"，得到国际化学界承认和赞扬。

34. 天津永明漆厂

陈调甫于1929年5月创办了天津永明漆厂。经过3年多的苦战、几百次的试验，终于研制出了物美价廉的油漆新配方。陈调甫将新产品定名为"永明漆"，成为中国油漆工业的第一个名牌产品，不但风行国内，而且美、英、日、荷、德等国的150多家厂商都和永明公司建立了业务联系。永明公司成为令全国同行刮目相看的名牌企业。

1945年，陈调甫又研制出一种醇酸树脂漆，是我国合成树脂漆中的第一代品种。陈调甫将它取名为"三宝漆"，为中国油漆工业中又一个超越西方的名牌产品。

35. 天津利生体育用品厂

1920年孙玉琦创办。该厂从制革开始，自己缝制篮球、足球等皮制球类产品，逐步增设木工部、制革部、制弦部、营业部。20世纪30年代后，该厂的产品除篮、足、排、羽毛球外，还增添了铁饼、标枪、双杠、木马、吊环等体育器械，成为中国体育用品制造业规模最大的生产厂家。

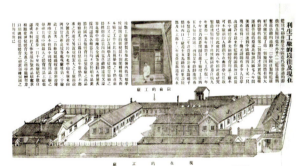

2-35　天津利生体育用品厂

36. 天津仁立毛纺股份有限公司

周诒春和费兴仁于1931年创办。该厂从最初的织地毯发展为织呢绒，并逐步成为天津重要的毛纺企业。

2-34　天津永明漆厂石碾磨设备

2-36 天津仁立毛纺股份有限公司

37. 天津东亚毛呢股份纺织公司

1932年4月由宋棐卿创办。该厂初建于意租界五马路（今河北区自由道），以纺织毛线为主，并采用"抵羊"为商标（两羊相抵，含抵制洋货之意）。由于"抵羊"牌毛线物美价廉，产品总销量持续上升。1935年迁至英租界（今和平区云南路与营口道交口处），修建了现代化的厂房，并添置设备，生产优质毛线，成为天津民族工业的佼佼者。1947年改称东亚企业股份有限公司。

2-38 宋棐卿

38. 宋棐卿

宋棐卿（1898～1956年），名显忱，以字行。山东青州人。1932年4月在天津组建东亚毛呢纺织股份有限公司，任董事长兼经理，生产"抵羊牌"毛线。

39. 天津中天电机厂

天津中天电机厂是我国最早制造电话机的企业之一，也是华北第一家电话机制造厂。1932年由周仁斋、王汰甄等人集资创办，主要业务是从事修理及制造磁石电话机与自动交换机零件。1933年在英租界建成新厂，开始制造自动电话机。

2-37 天津东亚毛呢股份纺织公司

2-39 天津中天电机厂生产的电话交换机

40. 天津盛锡福帽庄

由刘锡三创办于1912年。最初在天津估依街，六年后又在天津法租界独自开张了盛锡福帽店。当时正值民国初年，人们剪掉长辫，摘掉瓜皮小帽，急需新式衣帽替换。刘

2-40 天津盛锡福帽庄

锡三适时引进英、法、美等国的呢帽，从而一炮打响。二三十年代，先后在南京、上海、北京、沈阳、青岛和武汉等地设立20多家分店。由于盛锡福的帽子质量好、式样新，所以从1924年到1934年10年间共获得当时各级政府奖状15个。一些社会名流曾为盛锡福题写书额。由吴佩孚书写的"盛锡福"牌匾一直挂到现在。

41. 天津中原公司（今天津百货大楼）

1926年创办。在创建之时是天津最高的建筑物，更是天津最早的大型现代意义的百货商场。一至三楼为百货商场，四五

2-41 天津中原公司

楼为舞厅、影戏院、游艺厅、餐厅等，六楼及楼顶为花园。中原公司以"始创不二价，统办全球货"为口号，经营中高档日用百货。

42. 天津劝业商场

高星桥于1928年创办。该建筑具有折中主义建筑风格。劝业场的匾额，为近代天津著名大书法家华世奎先生所书。劝业场建成后，形成了劝业、天祥、泰

2-42 天津劝业商场夜景

康三大商场对峙而立的局面，使该地区成为天津最繁华的商业区。

43. 天津国民大饭店

1923年落成开业，位于法租界丰领事路（今和平区赤峰道）。

2-43 天津国民大饭店

44. 天津交通旅馆

1928年12月开业，位于法租界杜总领事路（今和平区和平路）。

2-44 天津交通旅馆

45. 天津鼎章照相馆

1912年开业，位于日租界旭街（今和平区和平路）。

2-45 天津鼎章照相馆

46. 中国银行天津分行

1913年开办，位于法租界巴斯德路（今和平区赤峰道）。

2-46 中国银行天津分行

47. 中央银行天津分行

1931年开业，位于英租界维多利亚道（今和平区解放北路）。

2-47 中央银行天津分行

48. 盐业银行天津分行

1915年开业，位于法租界巴斯德路（今和平区赤峰道）。

2-48　盐业银行天津分行

49. 金城银行天津分行

1917年开业，位于英租界维多利亚道（今和平区解放北路）。

2-49　金城银行天津分行

50. 浙江兴业银行天津分行

1915年开业，位于法租界杜总领事路（今和平区和平路）。

2-50　浙江兴业银行天津分行

51. 美国花旗银行天津分行

1916年在天津设立分行，1921年建成新的营业大楼。位于英租界维多利亚道（今和平区解放北路）。

2-51　美国花旗银行天津分行

52. 日商天津中山钢业所

建于1937年，备有当时华北最大的25吨马丁炉一座，厂址在今河东区郑庄子。

2-52 日商天津中山钢业所的天车

53. 日商东洋化学工业株式会社汉沽
工场

建于1939年。位于汉沽（今天津化工厂）。

2-53 日商东洋化学工业株式会社汉沽工场

第三章 ○ 军事篇

军事是军队事务的简称，其产生自新石器时代晚期（即父系氏族社会时期），是一种为了夺取对方土地、人员、财产而采用的暴力手段。军事成败关乎一个国家或团体的生死存亡，与政权有着莫大关系，《左传·成公十三年》中提到的"国之大事，在祀与戎"，即深刻地阐明了这个道理。

天津地区因具有特殊的地理位置，自古就是军事重镇，历来为兵家必争之地。早在春秋时期，天津地区即发生过燕国与北方少数民族山戎之间、燕、齐两国与山戎之间，以及燕、齐两国之间的战争。宝坻区牛道口出土的铜剑、铜戈就真实地反映了这些史实。战国时期，燕、齐、赵三国又在天津地区进行了多场战争，津南区巨葛庄出土的嵌镞腿骨、铜戈、铜剑和大港区沙井子出土的"平阳□戈"即为明证。南北朝时期的北齐天宝年间（550～560年），为抵御北方游牧民族入侵，北齐政权在天津北部蓟县山区修建了军事防御设施——长城。

金元时期，漕运与盐业同为关乎国计民生的两个重要方面。天津地区为漕运的咽喉孔道，又为北方食盐的重要产销地，战略地位十分重要。为保障漕运和盐业的安全，大约在金朝贞祐年间（1213～1217年），金政权在天津三岔河口地区（今狮子林桥附近）设置了基层军事据点——直沽寨。其后，元延祐三年（1316年），元朝廷在直沽寨旧址附近设置了级别高于"寨"的军事建制——海津镇。

明王朝建立后，尤其是明成祖迁都北京后，天津地位得到进一步提升。为防护海口，拱卫京师，永乐二年（1404年）明朝廷于直沽设立军事组织——天津卫，随后下令建筑城池，并派重兵戍守。

正德四年（1509年），北直隶霸州（今河北省霸县地区）爆发了刘六、刘七起义。第二年，起义军攻占了静海县城，旋又进攻天津，此为天津设卫筑城以来遭遇的第一次战事。

明朝中叶，倭寇在中国沿海肆虐。为防备倭寇侵扰，嘉靖年间（1522～1566年）明朝廷在大沽口兴修了炮台。后因倭寇败退，大沽口炮台渐遭废弃。

明代，北方蒙古草原军事力量始终对帝国安全构成着巨大威胁。明朝200余年间，国防的重点即在于防卫蒙古各部的侵扰，而蓟州（今天津蓟县地区）则正为明九边重镇之一，处于防备蒙古的最前线。隆庆二年（1568年），名将戚继光出任蓟州镇总兵官。在任期间，他大修防区长城，同时在练兵、制械、阵图演练诸方面都有很大贡献。

明清易代，国内战争逐渐止息，天津的战略意味也随之减弱。然而，清中期之后，清政府统治日渐腐朽，对国内外的控制力愈益削弱，西方列强携坚船利炮纷至沓来，国内民变丛生，烽烟四起，社会渐趋动荡。这一时期，天津作为"京畿门户""海防要塞"的重要性再度显现。

清嘉庆二十二年（1817年），出于"拱卫神京"的目的，清政府重建了大沽口炮台。

咸丰三年四月（1853年5月），太平天国发动北伐战争。同年九月二十七日（10月29日），太平军攻下静海、独流和杨柳青，兵锋直指天津。

咸丰六年（1856年），英、法两国联合发动了第二次鸦片战争。咸丰八年四月初八（1858年5月20日），英法联军挑起战端，悍然进攻并占领了大沽炮台，此为"第一次大沽口保卫战"。

此役后，清王朝深感津京安全的严重性，便利用天津为非通商口岸的有利条件，在大沽口严密布防，并派蒙古科尔沁亲王僧格林沁率重兵调巨炮把守大沽炮台。

咸丰九年（1859年）英法联军以互换《天津条约》为由，无视中国主权，强行破坏大沽口防务设施，并于五月二十五日（6月25日）再次向大沽口炮台发动进攻。此前，清政府已做好充分准备，加之侵略者不明虚实骄狂轻敌，致使妄图闯入大沽口的英法联军军舰遭到重创，被击沉4艘、击伤4艘，此为"第二次大沽口保卫战"。

咸丰十年（1860年）不甘心失败的英法联军重新组织兵力再犯大沽口。此时，清政府还沉浸在胜利的喜悦之中，疏于防范。六月十五日（8月1日），英法联军在北塘登陆，于七月初五（8月21日）占领大沽南北炮台，此为"第三次大沽口保卫战"。

同治九年八月初三（1870年8月29日），李鸿章调任直隶总督，不久，兼任北洋通商大臣。他在津期间，采取了一系列措施以增强军事实力，如扩充天津机器局、兴建北洋水师大沽船坞，创办北洋水师营务处、天津海防支应局、天津军械局和天津行营制造局，兴修大沽新城炮台，派遣淮军精锐"盛字军"驻防小站，兴办天津水师学堂、天津武备学堂、天津电报学堂、天津医学堂等。为增强大沽口炮台的防御能力，李鸿章花费巨资从德国克虏伯炮厂和英国乌理治兵工厂购买当时最先进的火炮，并增调重兵防守大沽炮台的后路。他还命人在总督署和大沽炮台之间架设了电报线和电话线。

甲午战争惨败后，许多有识之士提出编练新军的要求。清政府也认识到旧军队既不能镇压人民起义又无法抵御外敌入侵，为维护统治，不得不开展新式建军运动。光绪二十年十二月二十七日（1895年1月22日），中国近代史上的第一支新式陆军——定武军诞生了。这支新军由淮系官僚，时任广西按察使兼办理征东后路粮台的胡燏棻任统帅；李鸿章的军事顾问，时任北洋海军总查的原德国陆军上尉汉纳根（Von Hanneken）任总教习。该军最初在天津府青县马厂镇编练。光绪二十一年九月初（1895年10月下旬），因马厂兵营狭小，遂移驻天津县小站镇（今天津市津南区小站镇）原淮军"盛字军"遗留下来的营盘中，从此拉开了"小站练兵"的帷幕。

光绪二十一年十月二十二日（12月8日），时任浙江温处道的袁世凯受命接掌"定武军"。与此同时，清廷决定将"定武军"更名为"新建陆军"。

定武军、新建陆军均采用德国模式编练、装备军队，并延聘了大批天津武备学堂的毕业生（其中有不少人籍贯在天津地区）充任各级官佐，从而形成了"小站班底"。民国成立后，其中许多人成为北洋军阀。可以说，"小站练兵"开创了我国近代陆军的先河，对其后我国军队的发展起到了巨大的借鉴与推动作用。

与此同时，另一只新式陆军——武毅军在今宁河县芦台镇编练。该军由聂士成统帅，亦采用德国模式训练、装备军队。以"新建陆军"和"武毅军"为代表，清末新式建军运动中，共编练成5支新式陆军（定武军、新建陆

军、自强军、武毅军和湖北护军营），其中有3支（定武军、新建陆军、武毅军）是在天津地区创编成军的。

19世纪末，随着西方列强瓜分中国企图的不断明朗，山东、直隶等地的义和拳民掀起了"扶清灭洋"的义和团运动，其浪潮很快波及天津。一时间，拳民在天津城内外建立了众多的"坛口"。为镇压中国人民的反抗，光绪二十六年五月（1900年6月），西方列强以"保护使馆"、"保护侨民"为借口，组成八国联军，并派出众多军舰进攻大沽口炮台。炮台守军不畏强暴，殊死抵抗直至全部殉国，此为"第四次大沽口保卫战"。

八国联军攻占大沽口炮台后，进而攻陷天津、北京，并在天津成立了全部由外国人充当各级官员的"管理津郡城厢内外地方事务都统衙门"（简称"都统衙门"）。天津遂成为当时中国内地唯一的一座军事殖民城市。

光绪二十七年七月二十五日（1901年9月7日），清政府被迫与英、美、日、俄、法、德、意、奥、比、西、荷十一国签订丧权辱国的《中国与十一国关于赔偿1900年动乱的最后协定》（即《辛丑条约》）。《辛丑条约》主要内容有：赔款白银4.5亿两；在北京划定使馆区；拆除大沽炮台及有碍北京至海通道的所有炮台（当时天津地区共有22座炮台）；外国

军队可在自山海关至北京铁路沿线的12个地方（含天津地区的杨村、塘沽、芦台、军粮城）驻扎军队等。

《辛丑条约》签订后，英、美、法、俄、意、奥、德、日分别在天津各自的租界中驻扎军队（只有比利时在天津租界中没有驻军）。其中，日本在天津设立"清国驻屯军"（民国成立后更名为"中国驻屯军"〈亦名"天津驻屯军"和"华北驻屯军"〉），成为日本帝国主义发动全面侵华战争最主要的军事力量。

条约签订后，中外各方反复争论磋商，各列强最终同意将天津交还给清政府。为使中国政府承认都统衙门的合法性，光绪二十八年二月二十五日（1902年4月3日），都统衙门召开了特别会议，制定了有关将天津移交给中国政府的"建议书"。三月初五日（4月12日），各列强国家驻津司令官召开会议，提出了归还天津的二十九项"条款"，其中第四项规定"距联军占领之天津街市三十基罗迈当（公里）以内，中国不得置守卫兵"。根据《辛丑条约》，外国军队有权在山海关至北京的12个地区驻扎军队，但中国军队在天津的驻扎权并未就此取消，而前项条款无疑是将中国军队最终阻绝于天津城区范围之外，其规定大大超过了《辛丑条约》划定的范围。虽然，由于中国政府的坚持，以及列强间彼此掣肘，矛盾日深，

各签约国最终不得不同意清政府的要求，将中国军队不得驻扎的范围由30公里改为10公里，但总的说来，中国军队丧失天津控制权的局面并未改变，该款项限制了中国军队应尽的保卫领土主权的义务，更为日后各帝国主义对天津和华北、东北进行的军事侵略创造了条件。

"武昌起义"爆发后，革命风暴席卷全国。为推翻清王朝的统治，天津的革命党人发动了"天津起义"。起义虽然失败了，但却加速了清政府的灭亡。

中华民国成立后，新任临时大总统的袁世凯与革命党人在宣誓任职的地点问题上产生了冲突。为造成北方局势混乱，须臾难离的假象，袁世凯指使天津镇守使张怀芝发动"天津兵变"，迫使革命党人同意将首都移至袁世凯势力范围内的北京。

北洋政府统治时期（1912～1928年），围绕着对天津的统治权，先后爆发了直奉战争中的天津之战和大沽口事件。

1928年6月，国民党取得第二次北伐战争的胜利，占领了天津和北京。同月21日，根据国民政府行政法令，直隶省改为河北省，天津为直属于行政院的特别市。从此，"天津市"名称一直沿用至今。

"九·一八"事变后，为将寓居天津日租界的清朝末代皇帝溥仪挟持到东北充当伪满洲国

"执政"（后改为"皇帝"），从1931年11月8日至27日，日本中国住屯军先后两次在天津挑起便衣队暴乱，趁乱将溥仪秘密带往东北，并迫使天津保安队撤出防地。

1937年7月7日，日本中国驻屯军蓄意挑起卢沟桥事变，发动了全面侵华战争。7月30日，天津沦陷。

为满足侵华战争的需要，日寇将天津作为大东亚战争的兵站基地，在海河东岸划地为界，强占土地426万平方米，历经5年的时间，于1942年建成了一座亚洲最大的军用仓库，名为"北支那方面军货物厂本部"（俗称新仓库），军事编号"1820部队"。

为保卫这座军用仓库，日本人颇下了番功夫。日军利用仓库附近有利的地理环境，修建了一道周长10余华里的高高护库墙。沿墙每隔一段距离还建有隐蔽碉堡，在高墙的转角处，重点筑成大型角堡，构成扇形控制火力网点。仓库各处都设有嘹望岗楼，岗楼之间通有电话，随时联络，一有情况，立即报警。在库墙前面，日军组织挖掘了一条宽50～100米，深5～6米（最深处达9米）的护库河，引海河水注入其中。

该仓库是一个综合性军用仓库，分东库、西库，共有库房40余座，主要储存医疗器械、皮革、木材、黄麻、被服、粮食以及饼干、酱油等军需物品，是在华日军军用物资的储藏转运站和大本营。为了转运方便，仓库内还设有一条铁路直通天津东站。

为反抗日本侵略军，中国共产党于1938年7月6日领导了冀东人民抗日大暴动，随后建立了盘山抗日根据地，其间诞生了闻名全国的"包森团"和"盘山民兵班"。

1945年8月14日，日本帝国主义宣布无条件投降。10月6日，驻津日军向中国战区代表、美国海军陆战队第三军团司令骆基中将投降，天津迎来抗日战争的胜利。

刚刚乍现的和平曙光很快又被国民党反动派掀起的内战阴云所吞没。经过两年战争，国民党反动派由战略进攻转入战略防御，妄图依托城市壁垒挽救其濒于灭亡的命运。1947年7月之后，驻津国民党军在天津市周围大肆修筑"城防"。为扫除射界中的障碍，他们强拆民房，强迁群众，制造出宽达五里的"无人区"。同时，他们又开挖出一条宽10米、深5米的护城河，并遍设碉堡，妄图以此阻挡解放军。

1948年11月29日，平津战役开始。1949年1月14日10时，天津战役打响。至15日下午3时，经过29个小时的激战，我军全歼国民党守敌13万余人，活捉天津警备司令陈长捷，天津终于回到了人民的手中。

总的说来，天津自古即因地当海口的特

殊地理位置而具有相当重要的军事战略意义。设卫筑城后，更因其毗邻京师而成为军事防御的重镇名城。此种状况一方面使得天津屡屡成为重要军事活动上演的舞台，另一方面也养成了民间尚武习武的强悍民风。自高山考取明正德十五年（1520年）武进士之后，天津地区考取武进士功名的人士不胜枚举。仅在清朝，就有8位天津县籍人士考进武科鼎甲（其中三人考中武状元、三人考中武榜眼、两人考中武探花）。不仅如此，天津民间还产生了许多武术大家，如霍元甲、李瑞东、张雨亭、李靖华、霍东阁等。勤修武事不仅是为了强健体魄，更是为了磨砺精神，正因有了无比坚强的意志，天津民众在反抗外侮、争取自由时每每迸发出惊人伟力，从而在中国近代史上书写下一页页壮丽篇章。

1. 铜剑

1979年出土于宝坻区牛道口2号墓葬。通长41.5厘米，剑茎圆形中空，茎端平折成首，剑格一字形，剑身横断面呈菱形。茎外有缑的痕迹。时间为春秋战国之际。

3-1 铜剑

2. 铜戈

1979年出土于宝坻区牛道口2号墓葬。援微上翘，锋尖略残。通长21厘米，胡上和阑顶端共有三穿，内有长方形一穿。戈柄有镦，筒状，横断面近椭圆形，直径2.5～2.8厘米，通长9.6厘米，中间有凸棱一周和三个穿，镦内残留朽木一段。时间为春秋战国之际。

3-2 铜戈

3. 嵌镞腿骨

1959年4月出土于津南区巨葛庄战国墓葬。青铜镞的铜锈已将骨头染成了绿色，真实地反映了当时战争的残酷。

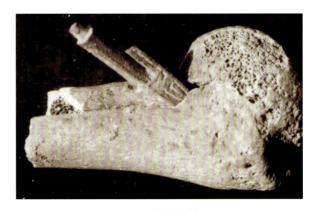

3-3 嵌镞腿骨

4. 平阳□戈

出土于大港区沙井子战国墓葬，反映了战国时期赵国利用燕、齐两国交兵之际趁势攻占天津地区海河以南土地的史实。

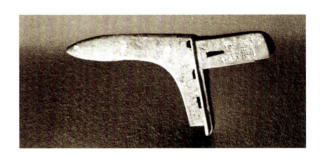

3-4 平阳□戈

5. 太平军北伐时使用过的铜炮

清道光三十年十二月初十（1851年1月11日），洪秀全在广西金田村发动起义，建号太平天国，起义军称太平军。咸丰三年二月初十（1853年3月19日）太平军占领南京，改南京为天京。定都天京后，林凤祥、李开芳、吉文元等率2万多人北伐。北伐军从扬州出发，经安徽、河南等地，进入直隶，逼近天津。咸丰帝宣布京师戒严。八月（9月），北伐军进攻天津失利。

3-5　太平军北伐时使用过的铜炮

6. 第一次大沽口保卫战

　　咸丰六年（1856年），英、法两国联合挑起第二次鸦片战争。咸丰八年四月初八（1858年5月20日），英法联军舰队北攻大沽炮台。上午8时，英法联军向直隶总督谭廷襄发出通牒，限两小时内交出大沽口炮台。未待答复，即开炮攻击。英法军舰二十六艘，官兵二千六百余人，中国守军约九千人，炮三十尊。战斗一开始，谭廷襄坐轿先奔，天津总兵闻炮亦走，守军力抗两小时，战殁二百人，炮台失陷。此为"第一次大沽口保卫战"。咸丰八年（1858年6月），清政府被迫与英、法、美、俄等国签订了《天津条约》，并约定第二年正式换约。

7. 第二次大沽口保卫战

　　清王朝深知第二次鸦片战争对津京安全的严重性，便利用天津为非通商口岸的有利条件，在大沽口严密布防，派蒙古科尔沁亲王僧格林沁率重兵、调巨炮把守大沽炮台。咸丰九年（1859年），西方列强趁到北京交换《天津条约》批准书之机，再次发动了侵华战争。咸丰九年五月十七日(1859年6月17日)，英国侵略军司令贺布率英舰20艘、法舰2艘抵大沽口外，拽倒拦江铁戗4架，进行挑衅。二十日（20日），英国公使普鲁斯、法国公使布尔布隆到达大沽，要求清军将拦河之铁戗木筏撤掉。清廷让他们从北塘进京换约，可英、法侵略者却以武力相威胁不走北塘。五月二十五日（6月25日），贺布亲率军舰10艘布列在大沽口，先令军舰拖拽铁戗，连续拖倒10余架，而且拒绝天津道送来的劝阻照会。下午2时，用军舰直撞守护炮台的铁链，随即向炮台发起轰击。守卫炮台的爱国官兵抑怒多时，势难禁遏，各营炮位环轰叠击，又有小船20余只，满河游驶，

3-6　第一次大沽口保卫战

共打沉英、法军舰4艘，重创4艘，贺布也受了重伤。第二次大沽口保卫战的胜利，是鸦片战争后清军在抗击外来侵略中取得的第一次大胜仗，也是第二次鸦片战争中唯一的一次胜仗。

3-7 第二次大沽口保卫战

8. 第三次大沽口保卫战时期，英法联军占领大沽口之北塘炮台

英法联军在第二次大沽口保卫战中的失败，使英、法政府大为恼怒。咸丰十年六月初九（1860年7月26日），英军约18000人，法军约7000人，两国军舰共173艘，陆续向大沽口逼近。六月十五日（8月1日），英法联军海军陆战队约5000人，趁清军北塘守备空虚之际，顺利登陆，并占领北塘炮台。六月二十六日（8月12日）拂晓，英法联军由北塘出兵万余人，兵分两路攻扑新河、军粮城；其主力带火炮数十门，中途又分左、右两翼扑向新河。二十八日（8月14日）凌晨，英法联军6000人，携带火炮100门，进攻塘沽，清军不敌，塘沽遂失。七月初五（8月21日）凌晨，英法联军万余名，集中全部火力突然向大沽北岸炮台猛烈轰击，直隶提督乐善率部奋力还击，一度将敌击退。上午8时许，联军分为左右两翼，向石头缝炮台发起冲锋。乐善亲率守军奋勇阻击。石头缝炮台火药库不料被一发炮弹击中，引起爆炸，英法联军趁势再次发起进攻，到中午时分，英法联军攻入炮台，乐善督军与敌人展开肉搏战。最后，因寡不敌众，乐善壮烈牺牲，石头缝炮台落入敌手。大沽口北岸炮台失守后，僧格林沁认为南岸炮台万难守御，命令南岸炮台守军尽撤天津。随后直隶总督恒福即在南岸炮台挂起免战白旗，将三座炮台拱手交给了侵略军。第三次大沽口保卫战遂告失败。

3-8 英法联军占领大沽口之北塘炮台

9. 崇厚

崇厚（1826～1893年），字地山，姓完颜。满族镶黄旗人。道光举人。曾任长芦盐运使、兵部侍郎、户部侍郎、吏部侍郎、三口通商大臣，开办近代军事工业——天津军火机器总局。

3-9 崇厚

10. 李鸿章

李鸿章（1823～1901年），本名章桐，字渐甫（一字子黻），号少荃（泉），晚年自号仪叟，别号省心，谥文忠。安徽合肥人。因行二，故民间又称"李二先生"。有《李文忠公全集》存世。道光二十七年（1847年）丁未科进士。历任江苏巡抚、两江总督、两广总督、直隶总督兼北洋大臣等要职，是洋务运动的主要倡导者之一，淮军、北洋海军的创始人和统帅。

3-10 李鸿章

划。开办经费二十余万两。崇厚全权委托英国人密妥士（john A.T.Meadows）办理，并委任奉天府尹德椿为总办，加紧建设厂房，终在同治六年底（1867年12月）于海光寺的跨院内建成。

同治八年（1869年），分别从上海和香港购买的制造军火的设备抵津，天津军火机器总局正式投产。初时雇有工匠五十人，制造炮弹和铜炸炮。

同治九年十月（1870年11月），清王朝委派新任直隶总督兼北洋大臣李鸿章接管天津军火机器总局。李鸿章将天津军火机器总局更名为北洋机器局（亦名天津机器局），并对西局的厂房和设备进行了扩充和更新。因经费和质量等问题，李鸿章命令西局停造铜炸炮。到光绪十二年四月（1886年5月），西局已有各种工厂8个，厂房共有百余间，雇用工匠七百余人，可制造子弹、炮车、电线、电箱以及西洋乐器等。

光绪二十六年（1900年），八国联军发动侵华战争，西局被彻底摧毁。

3-11 天津机器局

11. 天津机器局（西局）

原名"天津军火机器总局"，创建于同治五年（1866年），由三口通商大臣崇厚负责筹

12. 天津机器局（东局）

原名"天津军火机器总局"，创建于同治五年（1866年），由三口通商大臣崇厚负

责筹划。崇厚全权委托英国人密妥士（john A.T.Meadows）办理。

同治八年（1869年），密妥士花巨资在英国购买的制造火药、铜帽（即弹壳）的各种机器运抵天津。由于西局不敷使用，崇厚遂在城东设厂专制火药、铜帽等。

同治九年十月（1870年11月），清王朝委派新任直隶总督兼北洋大臣李鸿章接管天津军火机器总局。李鸿章首先将天津军火机器总局更名为北洋机器局（亦名天津机器局），并调江南制造局原总办沈保靖为天津机器局总办，解除了洋总管密妥士的职务。

李鸿章接管天津机器局后，共对两局（主要是东局）进行了五次大规模的扩充。至光绪二十六年（1900年）前，天津机器局（主要是东局）已成为中国北方最大的军事企业和近代工业企业，主要产品有火药、铜帽、子弹、炮弹、拉火（即雷管）、水雷、洋枪、镪水等。此外，还制造军舰（如布雷艇、行军桥船、水底机船）和铸造钱币（主要有铜钱与银元）。

天津机器局不仅常年雇用2600余名工人，还附设水雷学堂和电报学堂，以培养相关人才。在生产军火的同时，还生产了一些与军事有关的民用产品（如新式机器、电线、电引、电箱等）。

为将天津机器局建成为中国北方最大、最好的军工企业，李鸿章不仅广泛引进专业人才（如华蘅芳、徐建寅等），还组织专门人才翻译了不少国外的军事书籍（如《克鹿卜〈克虏伯〉小炮简本操法》、《克虏伯子药图说》、《克虏卜新式陆路炮器具图说》、《机锅用法》等）。

天津机器局生产的军火，主要供应北洋海军、北洋各海口炮台、各地淮军使用。光绪八年（1882年），天津机器局还调拨一批军火给朝鲜以应朝鲜王朝练兵之用。

光绪二十六年（1900年），八国联军发动侵华战争，东局亦被彻底摧毁。

3-12 天津机器局（东局）

13. 天津机器局生产的林明敦式中针后装线膛单发枪

林明敦式中针后装线膛单发枪，由美国林明敦兵器制造公司（Remington）于1865年推出。该枪口径10毫米，枪长（除刺刀）1321毫米，枪重（除刺刀）4.34公斤，射程300～1200码。天津机器局于光绪元年至光绪六年（1875～1880年）曾仿制过这种枪型。后因造价太高，遂停止仿造。

3-13 天津机器局生产的林明敦式中针后装线膛单发枪

14. 天津机器局生产的潜水艇

是我国自行设计、生产的第一艘潜水艇。诞生于天津机器局东局。光绪六年九月（1880年10月）建成，可潜至敌舰之下安放水雷使之爆炸沉没。该潜水艇设计精巧，艇体呈流线型，最大限度地减少了水流的阻力。其动力方式为人力，武器装备只有水雷。潜水艇的制造成功，是我国近代科技人员追踪世界先进技术的又一次尝试。

3-14 天津机器局生产的潜水艇模型

15. 北洋水师大沽船坞

光绪元年（1875年），清政府命令李鸿章筹建北洋水师。在筹建的过程中，先后从英、德等国购买了25艘旧军舰。这些军舰需随时修理方能投入使用。但当时北方没有一座可以修理军舰的船坞，每有损坏，均需远赴上海、福州等地的船坞修理，路途遥远，往返费时，北方一旦有事，则缓不济急。因此，李鸿章奏请在华北地区建造一座船坞。经清政府批准，光绪六年（1880年）在天津大沽之海神庙建修造船舶的船坞，并命名为"北洋水师大沽船坞"。

大沽船坞共有6个船坞，常年雇用600余名工人、300余名工匠。北洋水师中除"定远"、"镇远"两艘铁甲舰和"经远"、"来远"、"致远"、"靖远"、"济远"、"平远"六艘巡洋舰因吨位过大进不了大沽口外，其余50多艘舰只均曾在此修理。

大沽船坞在光绪八年（1882年）还开始建造军舰，共建成十余艘（如飞凫号、飞艇号、飞龙号、宝筏号、遇顺号、利顺号、快顺号、捷顺号等）。

由于天津机器局已不生产火炮，为就近供应京畿地区的清军，光绪十八年（1892年）大沽船坞增设炮厂，仿造能够发射一磅炮弹的德国克虏伯后装架退炮。光绪二十三年（1897年），大沽船坞又开始制造水雷。此时的大沽船坞，不仅是中国北方最早的一座军舰修理厂与制造厂，还是当时中国北方一座能够生产火炮和水雷的重要的军工企业。

光绪二十六年五月（1900年6月），八国联军攻陷大沽口炮台后，沙俄侵略军抢占了大沽船坞，大沽船坞遭到巨大损失。中华民国成立后，大沽船坞更名为海军大沽造船所。在修造船的同时，还生产武器，并于1919年生产出马克沁式重机枪。

3-15 北洋水师大沽船坞

16．天津水师学堂

北洋水师成军后，急需一大批海军人员。当时，中国只有福州船政学堂培养海军人员，在北洋水师刚刚起步时，所需人员主要调拨福州船政学堂的毕业生。随着北洋海军的舰船逐渐增多，需要的海军人才众多，而由福州船政学堂拨补，路途遥远，无法解决问题。因此，光绪六年七月十四日（1880年8月18日），李鸿章奏请设立北洋水师学堂（即天津水师学堂），得到清廷的批准。

北洋水师学堂设于天津城东贾家沽道东机器东局西侧，经过一年的紧张筹备，于光绪七年七月（1881年8月）正式开办。

北洋水师学堂所开班次分为驾驶、管轮两班，分别培养海军管驾管轮人才。其总办分别为吴赞诚（曾任福建船政大臣）、吴仲翔（曾任代理福建船政大臣），总教习为严复（先后毕业于福州船政学堂后学堂首届驾驶班和英国格林尼茨海军学校）。该学堂学制五年（含一年实习），开设有天文、地理、几何、代数、平面三角、重学、微积分、驾驶、御风测量、行船汽机、机器画法、机器实艺、演放鱼雷、修定鱼雷等课程。光绪二十六年（1900年），毁于八国联军的炮火，该学堂停办。

3-16 天津水师学堂

17．天津武备学堂

光绪九年（1883年）底，中法战争爆发。次年，直隶总督兼北洋大臣李鸿章遵旨招募二十多名德国军官来华进入淮军各营充任教习，教授各级官弁学习西洋战法和新式武器的使用。面对各地各族人民日益增多的起义和西方列强不断加剧的侵华行径，为了培养懂得新式陆军的人才以适应对内对外战争的需要，淮军将领、时任总统前敌各军遇缺题奏提督周盛波和总统盛军湖南提督周盛传向李鸿章建议创办武备学堂。经李鸿章批准，于光绪十一年

（1885年）初，创办天津武备学堂。该学堂刚兴建时，临时设在天津水师公所内。第二年，搬至韩家墅的新校舍。

天津武备学堂学制两年，课程分为学科与术科。学科研究西洋国家陆军行军新法，计有天文、地舆、格致、测绘、历史、体操、德文、英文、算化诸学、炮台设置、营垒设置等；术科则赴营实习，包括马队、步队、炮队的操法及行军、布阵、分合攻守对阵等。但为了增强"中学"的根底，仍学习传统的经史。

天津武备学堂是中国第一所陆军军官学堂，共培养出1500多名陆军人才。其中，有130多名毕业生分别加入定武军、新建陆军和武毅军等新式陆军的行列，对后世产生了深远的影响。

光绪二十六年（1900年），天津武备学堂大部毁于八国联军的炮火，该学堂停办，残余部分成为俄国兵营。

3-17　天津武备学堂

18. 载人气球在天津武备学堂试放

天津武备学堂的一名德国军事教官拿来一个在中法战争中法国使用过的载人侦查气球

（已坏）进行讲解。他说，这个气球，在我们德国一百年前就有了，而在你们中国，现在大家还没有见过，你们既不会使用，更不要说制造。华蘅芳得知此事后，非常气愤。他决心要造出一个，让德国人看看。他立即着手进行设计，并亲自督工试制，夜以继日奋战在工厂。终于在光绪十三年（1887年）制成了一个直径为5尺的载人氢气球。当这个中国人研制的载人气球冉冉升空时，人们欢欣鼓舞，感到扬眉吐气。

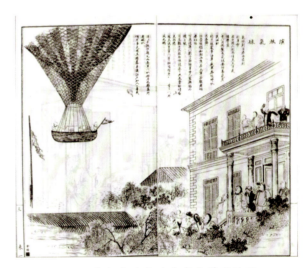

3-18　载人气球在天津武务学堂试放

19. 早期的电话机

1850年，意大利裔美国人安东尼奥·穆齐首先发明了电话。经过不断探索，美国人亚历山大·格雷厄姆·贝尔改进了电话，并于1876年2月14日在美国专利局申请了电话专利权，从而成为第一位拥有专利权的电话发明家。

电话发明后不久即传入我国，设在上海的轮船招商局成为最早使用电话的公司。但当时电话架线工作均由外国人担任。光绪五年（1879年），大沽炮台和北塘炮台与直隶总督署之间架设了电报线，成为中国大陆第一条由中国人自己架设的军用电话线。

3-19 早期的电话机

20. 袁世凯

袁世凯（1859～1916年），字慰亭（又作慰庭），号容庵。河南项城人。生于官宦家庭。曾任吴长庆"庆军"营务处会办、浙江温处道等职。甲午战争后，曾上《遵奉面谕谨拟条陈事件缮折》，详细阐述了他的练兵思想，成为日后小站练兵的指导思想。光绪二十一年（1895年）接掌"新建陆军"（由定武军改名），从天津武备学堂中挑选一百三十余名学生任各级军官，并引用和培植一批私人亲信，以加强对全军的控制。这些人以后大都成为北洋军阀。袁世凯凭借军事实力，曾担任直隶按察使、山东巡抚、直隶总督兼北洋大臣、军机大臣兼外务部尚书、内阁总理大臣等要职。中华民国成立后，任第二任临时大总统和首任大总统。1915年上演帝制自为的丑剧，被护国军打败，1916年6月6日郁郁而死。

3-20 袁世凯

21. 义和团民

义和团（又称义和拳），是19世纪末主要在中国北方发生的一场以"扶清灭洋"为口号、针对西方在华人士（包括在华传教士）及中国基督徒所进行的大规模的群众暴力运动。义和团的成分极为复杂，既有贫苦农民、手工业者、城市贫民、小商贩和运输工人等下层人民，也有部分官军、富绅甚至王公贵族，后期也混杂进了不少流氓无赖，但以贫苦的农民和城市失业者为主体。

3-21 义和团民

22. 义和团在天津张贴的宣传品——歌谣、揭帖

歌谣，民间文学体裁之一，以押韵为主，往往阐述一个深刻的道理。揭帖，指旧时张贴的启事和文告（多指私人的）。义和团采取歌谣、揭帖的形式，使用浅显易懂的语言，将自己"扶清灭洋"的主张向广大民众进行宣传。

3-22 义和团在天津张贴的宣传品——歌谣、揭帖

23. "乾"字团总坛口——吕祖堂

吕祖堂始建于明宣德八年(1433年)，当时为永丰屯屯中祠堂。清康熙五十八年(1719年)修葺后，改为吕祖庙观，定名为"吕祖堂"。前殿主要供奉吕洞宾，后殿供奉北斗元君，两侧有药王和药圣。后于乾隆六十年（1795年）和道光十九年（1839年）修葺，主要建筑有山门、前殿、后殿和五仙堂。

光绪二十六年（1900年）义和团运动兴起，各地义和团纷纷进入天津。"乾"字团首领曹福田率领数千名义和团战士到达天津，将总坛口设在吕祖堂内，团员们日夜在月台上练拳习武。吕祖堂濒临南运河，距天津城西门仅三里地，津西各县义和团来津时，大多在此落脚。义和团著名的首领张德成、林黑儿、刘呈

祥等经常来此举义拜坛，与曹福田共商对敌斗争大计。攻打紫竹林租界、攻打老虎头火车站和天津城保卫战的一些重大决策都是在这里决定的，曹福田致各帝国主义的"战书"也是在这里拟定的。吕祖堂坛口成为义和团运动中最重要的遗址，也是目前唯一保存完整的坛口遗址，被列为全国重点文物保护单位。

3-23 "乾"字团总坛口——吕祖堂

24. "八国联军"在大沽口登陆

面对汹涌澎湃的义和团运动，英、法、德、美、俄、日、意、奥八个国家以"保护使馆"、"保护侨民"为借口，组成联军，发动侵华战争。联军集中30多艘军舰于光绪二十六年五月二十一日（1900年6月17日）凌晨一时进攻大沽口炮台。炮台守军在罗荣光的率领下奋勇还击，击伤敌舰7艘，击毙众多侵略军。后因寡不敌众，大沽口炮台失陷，八国联军占领大沽口炮台。

3-24 "八国联军"在大沽口登陆

25. 罗荣光

罗荣光（1834～1900年），字耀庭，湖南乾城（今湖南吉首）人。原为曾国藩部属，后入淮军，曾赴上海在洋枪队任职，升总兵。同治六年（1867年）因镇压捻军有功升记名提督，后补大沽口协副将。光绪十三年（1887年）以创设水雷营并教练有方，先后升任天津镇总兵和新疆喀什噶尔提督。光绪二十六年五月（1900年6月），率军驻守大沽口炮台。五月二十日（6月16日）晚，八国联军派代表递交最后通牒，限令次日凌晨二时交出炮台，他严词拒绝。侵略军提前于凌晨一时开始攻击，大沽口炮台守军发炮还击，激战六小时，三炮台先后失守。他退至天津，后在天津失陷前三天服毒自杀。

3-25 罗荣光（中）

26. 聂士成

聂士成（1836～1900年），字功亭。安徽合肥人。咸丰九年（1859年）投身湘军，因作战英勇被补为把总。后入淮军，隶属刘铭传，因镇压东西捻军有功，累迁至总兵、提督，并被授予力勇巴图鲁勇名。曾参加中法战争。战后调往旅顺和芦台，因成功镇压热河"教匪"起义，被赏穿黄马褂，易勇名为巴图隆阿。后改任山西太原镇总兵，仍留芦台治军。

甲午战争中，率部赴朝参战，因功被授直隶提督。战后回芦台编练新式陆军——武毅军（后改称武卫前军）。

八国联军入侵中国后，聂士成率部镇守天津。光绪二十六年六月初九（1900年7月5日），聂军与义和团合力围攻紫竹林租界。六月十三日（7月9日）凌晨，联军约6000人分两路向八里台反扑。联军企图占领八里台后往北挺进，攻占天津城厢。聂士成率部迎战，血战数小时，八里台被联军包围。聂士成沉着指挥部队浴血奋战。后两腿受枪伤，部下劝其退下，但他奋不顾身，持刀督战，又被子弹洞穿两腮，颈侧、脑门和腹部多处受伤，肠出数寸，壮烈牺牲。

3-26 聂士成

27. 聂士成率清军攻打天津租界中的八国联军

光绪二十六年五月（1900年6月）下旬，聂士成率领10营武卫前军进入天津加强防守力量。聂士成拨4营保护天津机器局东局，率领其余6营配合义和团围攻紫竹林租界。聂士成命令两门87毫米口径的克虏伯大炮向租界轰击，给租界造成巨大的破坏。八国联军认识到，兵足械精的聂军是其主要敌人，决定以消灭聂军为主。

3-27 聂士成率清军攻打天津租界中的八国联军 （日本历史画）

28. 激战后的老龙头火车站

老龙头火车站（今天津站）始建于光绪十四年（1888年），为唐（山）（天）津铁路重要的枢纽。光绪二十六年五月（1900年6月），老龙头火车站成为八国联军从大沽向京津运兵的枢纽，也是租界对外联系的门户。各国侵略军陆续开来，屯聚租界，车站为租界北面的门户。从五月二十一日（6月17日）至六月十八日（7月14日），义和团、武卫左军（马玉昆部）、练军、水师营联合围攻老龙头火车站，打死打伤驻站俄军五六百人。直到天津城陷落后，义和团和清军才撤围。

3-28 激战后的老龙头火车站

29. 被八国联军杀害的义和团民的首级

八国联军在进攻和占领天津的过程中，大肆屠杀义和团民，并将被杀害的义和团民的首级挂在树上。

3-29 被八国联军杀害的义和团民的首级

30. 都统衙门成员

光绪二十六年六月十八日（1900年7月14日），八国联军攻陷天津。第二天，八国联军的各国军官开会讨论成立一个"临时政府"管理天津。经各国同意，于六月二十六日（7月22日），由俄、英、日三国军官组成天津都统衙门（全称"暂行管理津郡城厢内外地方事务都统衙门"），设于原直隶总督署。后又增加德、法、美、意代表各1人。都统衙门下设8个执行机构和由900名联军组成的"直属巡捕队"，对天津、静海、宁河等地区实行军事统治。天津都统衙门是一个完全的联合军事殖民统治政权，此时的天津也成为中国近代史上唯一一座完全由外国人管理的城市。

3-30 都统衙门成员

31. 日本中国驻屯军司令部

光绪二十六年五月（1900年6月），日本派遣2500人的"清国临时派遣部队"参加八国联军。六月二十五日（7月21日），日本又增派第五师团。光绪二十七年九月十三日（1901年10月24日），日本政府将侵华日军定编为"清国驻屯军"（中华民国成立后改称"中国驻屯军"）。因司令部设在天津海光寺，人们通常称为"天津驻屯军"或"华北驻屯军"。"中国驻屯军"直属日本陆军部指挥，师团级建制。"中国驻屯军"是日本侵略华北的最高军事机关，是残害、蹂躏天津人民的凶恶机器。

3-31 日本中国驻屯军司令部

32. 英国兵营

位于伦敦道（今和平区西安道）与大北路（今和平区贵州路）交界处（今市一中原址）。占地124亩，建筑面积23500平方米。最初驻军1000人，到了20世纪30年代达3000余人，司令官为少将军衔。

3-32　英国兵营

33. 美国兵营

位于特一区山西路（今河西区广东路第二医学院）。占地31.5亩，建筑面积21600平方米，抗日战争前驻军1500余人，番号为第15联队，司令官为上校军衔。

3-33　美国兵营

34. 法国兵营

位于水师营路（今和平区赤峰道1—3号）。占地11亩，建筑面积6203平方米，驻军数百人，又名"紫竹林兵营"。光绪二十六年（1900年），法国军队在东局子另设一座兵营，驻军2000余人，番号为法国远征军海军陆战队第16团，又名"东局子兵营"。这是设在赤峰道上的法国兵营。

3-34　法国兵营

35. 德国兵营

位于梁家园北洋西学堂内（今海河中学旧址），驻有一个旅。

3-35　德国兵营

36. 意国兵营

位于小马路（今河北区光明道）。有宽阔的操场和呈直角的两幢高大的三层坡顶楼房，各层楼前都有一丈多宽的走廊。该兵营驻扎一个混成旅，有官兵1000人，司令官为中校军衔。1940年意大利撤回天津驻军，意国兵营曾交与日本兵驻扎。

3-37 法租界长发栈

3-36 意国兵营

37. 法租界长发栈——天津起义策源地

武昌起义爆发后，天津的革命党人积极筹划采取军事行动，意在迅速取得彻底推翻清王朝统治的全面胜利。

革命党人胡鄂公于宣统三年九月三十日（11月20日）抵津，住在法租界紫竹林长发栈。长发栈成为天津起义的策源地。天津起义于十二月十一日（1月29日）发动，因敌众我寡而失败。起义虽然失败了，却极大地震撼了清朝统治者，加快了清王朝的覆灭。

38. 天津兵变后天津街头的残垣断壁

宣统三年十二月二十五日（1912年2月12日），宣统退位，清朝灭亡。第二天，孙中山辞去中华民国临时大总统职务，临时参议院选举袁世凯为临时大总统，并要求袁世凯到南京就职。袁世凯为造成北方须臾离不开他的假象，指使天津镇守使张怀芝于3月2日发动"天津兵变"。变兵大肆抢劫金店、银号、商场、店铺、银元局、造币厂等，并放火焚烧。革命党人被假象所蒙蔽，被迫同意袁世凯在北京就职，不久又同意将首都从南京迁往北京。天津兵变虽然为袁世凯在北京就职提供了口实，但天津的经济却遭到了巨大的破坏。

3-38 天津兵变后天津街头的残垣断壁

39.　天津保安队

由于受到由都统衙门提出、中国政府被迫同意的"归还天津条款"第四条之限制（即在天津及其周边10公里之内不能驻扎中国军队），"九·一八"事变后，驻守天津的中国军队被迫改称天津保安队，归天津市公安局管辖。其性质类似于武装警察，装备机、步枪和迫击炮等轻武器。

3-39　天津保安队

40.　天津便衣队暴乱时市民纷纷逃难

"九·一八"事变后，日本侵略者策划指挥了两次"天津便衣队暴乱"。在日军炮火的掩护下，便衣队分数路袭击中国的警察机构、通讯机构、天津市政府及河北省政府。同时，日租界军警宪特也全体出动，在租界边沿武装掩护便衣队进攻，并占领了一个中国警察所。一时间，城内交通断绝，商铺闭门，许多无辜平民死于非命。

3-40　天津便衣队暴乱时市民纷纷逃难

41. 日军在天津街头开炮轰击

　　1937年7月7日夜，日本中国驻屯军驻丰台部队挑起卢沟桥事变，发动了全面侵华战争。12日，日军强占天津总站（今天津北站），紧接着又出兵占领了东局子机场和西站等战略要地。7月下旬，日军大批增援部队到达中国，做好了向北平、天津进攻的准备。为先发制人，天津守军于7月29日凌晨主动进攻驻津日军，先后占领东站、总站等地。30日，驻津日军在增援部队的支援下，发起疯狂反扑，并在街头架炮轰击中国军队的阵地。因敌众我寡，我军被迫撤出天津，天津沦陷。

3-41　日军在天津街头开炮轰击

42. 大日本海军陆战队先登纪念碑

　　"七·七"事变后，为迅速占领北平、天津，日本向华北大量增兵，日本海军陆战队也乘坐军舰在塘沽登陆，加入侵华日军的行列。这是为纪念日本海军陆战队最早登上塘沽而由日本海军大臣永野修身撰写碑文的纪念碑。

3-42　大日本海军陆战队先登纪念碑

43. 被日军炸毁的天津街头的店铺

　　在攻占天津的过程中，日军每天出动六十余架次飞机，对市内不分目标地狂轰滥炸，同时，又在街头架炮轰击任何自认为可疑的地方，致使许多建筑被炸塌，大批平民被炸死，天津人民的生命与财产遭受严重损失。

3-43　被日军炸毁的天津街头的店铺

44. 进入天津的美国海军陆战队第三军的官兵们

1945年8月10日，日本天皇裕仁在御前会议上决定，接受波茨坦公告，并以照会的名义委托瑞士政府转达给美、英、苏、中，请求投降。8月14日，日本天皇裕仁广播《停战诏书》，并照会美、英、苏、中4国政府，表示接受《波茨坦公告》，向盟国无条件投降。9月2日，日本天皇裕仁派日本外相重光葵代表日本天皇和日本政府，日本陆军参谋总长梅津美治郎代表日本帝国大本营，率领日本代表团，登上停泊在东京湾的美国战列舰"密苏里"号，在投降书上签字。至此，世界反法西斯战争胜利结束。9月30日，美国海军陆战队第三军团司令骆基中将率所属第一师18000人在塘沽登陆。10月1日，美军4000人进入天津市区。

3-44 进入天津的美国海军陆战队第三军的官兵们

45. 驻津日军投降

1945年8月20日，日本中国派遣军总司令冈村宁次命令担任大同、归绥、包头警备的第

一一八师团撤往天津，并任命该师团长内田银之助中将为驻津日军善后联络官，等待并处理驻津日军的投降事宜。10月6日，根据《波茨坦公告》精神，美国海军陆战队第三军团司令骆基中将、国民党第十一战区前进指挥所主任施奎龄中将分别代表美国政府和中国政府，在美国驻津海军陆战队司令部（今和平区承德道12号，天津市文广局）门前举行受降仪式。内田银之助带领6名日本军官来到会场，解下各自战刀呈给骆基和施奎龄，并在投降书上签字。天津市民2万余人观看了受降经过。随后，天津市各界人民举行盛大集会欢庆胜利，天津人民从此摆脱了长达8年之久的亡国奴生活。

3-45 驻津日军投降

46. 国民党驻津部队修建的城防工事

1947年3月，为增强天津的防御，国民党守军在天津市郊修筑了一道南北长12.5公里、东西宽5公里的峰腰形防御工事。城防线上筑有高4米、宽2米的土墙，墙外挖有宽10米、深3米的

护城河。环城四周还筑有大小碉堡1000多个，纵深处有小型碉堡群5000多个。1948年6月，陈长捷就任天津警备司令后，又在城西和西北构筑钢筋水泥碉堡数十个，对原有的工事进行了加强和改进，并在纵深修筑了一些野战工事。12月中旬，解放军开始包围天津，陈长捷下令

以天津环城碉堡工事为主阵地线，向阵地前沿加筑营、连碉堡群据点，构筑交通壕、铁丝网，并为扫清射界拆毁了大量民房，在城防线前沿埋设地雷数以万计，构成宽达几十米、环城长达42公里的地雷区，使天津成为具有坚固工事的碉堡阵地。

3-46 国民党驻津部队修建的城防工事

47. 天津前线总指挥刘亚楼发布总攻命令

刘亚楼（1910～1965年），原名刘振东，福建武平客家人，1929年参加红军，历任红十二军第三纵队第一营第二连连长、第一营营长兼政委、红四军第12师第35团政委、红二师政委、红军大学训练部部长、抗日军政大

学教育长等职。参加五次反"围剿"战斗和二万五千里长征。1939年1月进入苏联伏龙芝军事学院学习，并参加苏联卫国战争。1946年随苏联红军进入东北，任东北民主联军参谋长兼东北民主联军航空学校校长。1948年1月任人民解放军东北军区兼东北野战军参谋长，同年12月任天津前线指挥部总指挥。这是1949年1

月14日上午10时，刘亚楼向全体参战部队发布总攻命令。

3-47　刘亚楼

3-48　解放军炮兵阵地

48. 炮轰敌天津城防工事的解放军炮兵阵地

1948年12月30日，天津前线指挥部召开作战会议，研究、制定攻津作战的方针和部署。会议根据天津南北长、东西窄，南边工事强、北边兵力强、弱点在中间的特点，决定攻津作战的方针是：东西对进，拦腰斩断，先南后北，先分割后围歼，先吃肉后啃骨头。解放军参加天津战役的兵力共有5个步兵纵队、22个师和特种兵部队，共34万人，配备538门大口径火炮、30辆坦克和16辆装甲车。总攻开始后，我炮兵集中火力轰击守敌阵地和火力点，使守敌精心修筑的工事顿时土崩瓦解，为我军顺利突破敌军防线奠定了基础。

49. 金汤桥胜利会师

从1月14日10时发起总攻到15日1时，5个主攻纵队从津西、津东和津南三个方向，经16个半小时的爆破、架桥、冲击和反复争夺，在守军城防上冲开了10个突破口，顺利进入市区，与守军展开激烈的逐街、逐屋争夺的巷战。到5时30分，我军东西两个方向的主攻部队在金汤桥上胜利会师，完成了打通东西要道、分割市区南北守敌的任务。

3-49　金汤桥胜利会师

50. 解放军攻克国民党天津警备司令部

　　15日10时，我军攻入国民党天津警备司令部，生俘天津警备司令陈长捷。中午，我军占领敌天津市政府。下午，敌人最后一个据点——耀华中学被攻下。此后，困守天津城北的敌军陷入绝境，不战而降。天津战役胜利结束，天津从此回到人民的手中。从发起总攻到15日下午3时，解放军浴血奋战29个小时，以伤亡2万3千余人的代价，全歼国民党守军13万余人。

3-50 解放军攻克天津警备司令部

第四章 ○ 教育篇

影存
故遗

第一节　中国人开办的学校

元至元三十年（1293年），宝坻县修建文庙，并设县学，教授礼、射、书、数四科。宝坻县学为迄今发现天津地区最早的官学。

明代天津设卫筑城后，城市发展进入一个全新的阶段。随着人口的不断增长，教育成为亟待解决的重要问题。正统元年（1436年），明王朝规定，全国各卫所皆须设立卫学。同年，"天津卫学"成立（位于今文庙之府庙内）。卫学又称儒学，其教学内容同样为礼、射、书、数四科，故又称"文学"。天津卫学成为天津城区内最早出现的学校。

学校设立后，天津的教育水平有一定程度提升，开始出现一些经科举显达的人才。正统十二年（1447年），天津士子王鹗参加了丁卯科乡试并中举，成为天津卫第一位文举人。成化二年（1466年），刘钰参加丙戌科会试、殿试获得进士功名，成为天津卫第一位文进士。

万历二十年（1592年），为使盐商灶籍子弟获得受教育机会，长芦御史设"长芦运学"，其教学内容与"卫学"相同。

万历四十年（1612年），天津又设立了"武学"，初设于西南城角角楼之上，后迁至城内西北隅，学习内容以弓箭、拳术等武艺为主。

明代后期，随着天津屯田事业的发展，明朝廷于天启元年（1621年）在天津成立了"运学"，专为解决屯农子弟的教育问题，教学则以读经应策为内容。

清雍正三年（1725年），清政府将天津卫改为地方行政建置——天津州，"卫学"相应改为"州学"。雍正九年（1731年），清政府又将天津直隶州升为天津府（附郭置天津县），"州学"随即改为"府学"。雍正十二年（1734年），天津县设"县学"，位于今文庙之县庙内。

随着经济文化的发展，"府学"、"县学"已无法满足城市教育的需要。因此，清代天津县陆续成立了一些书院，如成立于康熙五十八年（1719年）的"三取书院"、成立于乾隆十七年（1752年）的"问津书院"、成立于道光七年（1827年）的"辅仁书院"、成立于同治十三年（1874年）的"会文书院"、成立于光绪十二年（1886年）的"集贤书院"、成立于光绪十三年（1887年）的"稽古书院"等。为普及教育，当时天津城内还设有一批专供贫家子弟免费学习的塾馆，称为"义学"，又称"义塾"。

天津开埠后，内忧外患纷至沓来。为实现"自强"、"求富"，挽救垂危的清王朝，洋务派在天津兴办了一系列近代企业。由于旧式教育培养不出相应人才，迫于形势，李鸿章在天津创建了多所洋务学堂，如开办于光绪六年（1880年）的天津电报学堂、开办于光绪七年

（1881年）的天津水师学堂、开办于光绪十一年（1885年）的天津武备学堂、开办于光绪二十年（1894年）的天津医学堂等。这些学堂的开办，拉开了天津近代教育的序幕，也促生了天津近代学校教育发展的第一个高潮。

甲午战争后，资产阶级维新派要求变法图强的呼声日益高涨。受其影响，天津的一些官僚、士绅提出教育救国的主张。光绪二十一年（1895年），津海关道盛宣怀在天津创办"天津北洋西学学堂"（次年更名为"北洋大学堂"），校址设在今海河中学及其毗邻的解放南园，中国近代史上的第一所大学就此诞生。光绪二十四年（1898年），严修在其家宅开办"严氏家塾"，开设英、算、理、化诸科，并礼聘刚由海军退役回乡的张伯苓主持管理，天津民办新式学堂就此兴起。

光绪二十六年十二月初十（1901年1月29日），为挽救摇摇欲坠的封建专制统治，慈禧与光绪帝在逃亡途中发布"变法上谕"，宣告"清末新政"正式实施，并宣称将对政治、军事、教育等实施改革。

光绪二十八年七月十二日（1902年8月15日），袁世凯由联军"都统衙门"手中收回对天津的管辖权之后，实行了一系列教育方面的改革，以满足政治、经济、军事等方面对人才的需要。

第一，建立教育行政机构，以适应近代教育的发展。

光绪二十八年七月初五（1902年8月8日），袁世凯在保定（后迁天津）建立了直隶学校司（后更名为直隶学务处、直隶提学使司、直隶学务公所），负责全省学校教育事宜。光绪三十二年（1906年），奉学部之命，天津县设立"天津县劝学所"，管理全县境内的小学和中学。天津地方教育由此得到统一管理，教育质量也因而相应提高。

第二，多方筹措教育经费，广开办学资金。

"新政"实施期间，袁世凯多方筹措教育资金，其措施主要有筹拨公款和接受捐款两类。对于捐款人，袁世凯常奏请予以褒奖，这大大鼓舞了人们捐资兴学的热情。可以说，资金不乏使用是这个时期天津教育得以发展的一个重要原因。

第三，重视人才的培养和使用，调动了天津一批热心教育的仁人志士。

袁世凯倚靠并大力支持严修、周学熙、傅增湘、林墨青、张伯苓、陈宝泉、刘宝慈以及段祺瑞、冯国璋等人兴办各类学校。在这些政界要人、社会贤达的共同关心努力下，天津教育得以领先于直隶，并在全国名列前茅。

第四，重视女子教育。

中国历来不重视女子教育，即便在近代教育兴起后，女子仍被排斥于受教育范围之外。清政府于光绪二十八年七月十八日（1902年8

月15日）颁行的《钦定学堂章程》（亦称"壬寅学制"）和光绪二十九年十一月二十六日（1904年1月13日）颁行的《奏定学堂章程》（亦称"癸卯学制"），均未列入女子教育内容。袁世凯在多道要求废科举、兴学校奏疏中，对女子教育也是只字未提。后因受到英敛之、严复、严修、傅增湘等人的劝导，他逐渐改变了原来的想法，开始重视并支持兴办女子学堂。

以上措施对天津近代教育的发展起到了极其重要的促进作用。虽然，袁世凯强烈吁请废除科举、大力提倡学校教育的目的是为了培养一批为己所用的奴才，但天津近代教育的程式、规范等却因此发端，并在以后的时期内蓬勃发展起来。

"清末新政"时期，天津的近代学校建设出现了第二个高潮。据不完全统计，这个时期天津共建立了147所学堂，包括大学堂、高等学堂、武备学堂、军医学堂、巡警学堂、幕僚学堂、吏胥学堂、中学堂、小学堂、女子学堂、师范学堂、法政学堂、工艺学堂、农业学堂、医学堂、艺徒学堂、半日学堂、夜校学堂等。

中华民国成立后，随着天津民族经济的不断发展，科技人才的需求进一步加大，这刺激了天津各界（尤其是私人）办学的积极性。至抗日战争爆发前，天津市内的小学增至近500所，中学25所，师范学校3所，职业学校13所，

高等院校6所。天津的近代学校建设出现了第三个高潮。

1937年7月底天津沦陷。为施行奴化教育，日本军国主义对天津的教育事业大肆摧残，天津一些高校、师范学校、职业学校因而迁往内地或停办。与此同时，大批中、小学校或被日军占为兵营、医院，或被迫停办，数量急剧减少。据不完全统计，至1937年底，天津的小学锐减至158所。

抗日战争胜利后，外迁的学校纷纷返津，同时，一些新学校兴建起来。据不完全统计，到1946年下半年，天津共有9所高校、31所中学、10所职业学校、3所师范学校、273所小学。随着国民党政府经济状况的不断恶化，教育经费被大量挤占、挪用，天津的教育事业举步维艰，再也无力兴建新校，许多教职员工挣扎在贫困死亡的边缘。

第二节　外国开办的学校

一、西方人士及其教会开办的学校

咸丰十年十月（1860年11月），即天津开埠后不久，基督教美国公理会传教士柏亨利（Henry.Blodget）在今民俗博物馆成立小书房，招收几名学生，主要传授英语和基督教义。这是外国人在天津最早的办学活动。

同治元年（1862年），美国驻华公使馆秘书

卫三畏（S.W.WiNioms）购买了鼓楼东仓门口一所民宅，后将其转卖给了公理会建立教堂。柏亨利在此开办了一所男书房，又于转年增设了女书房。这是外国人在天津设立的第一所女子学堂。

此后，又有许多外国人以教会名义兴办了多所男、女学堂（如养正书院、布道训练班、女学道房、成美馆等），其中较为著名的有天津工商大学、天津新学书院、天津英国文法学校、天津法汉学校、天津圣功学校等。

西方人士及教会开办学校的目的主要有两点：一是通过外语和近代科学知识的教学，培养对华文化侵略的骨干；二是利用传播科学知识作为他们进行传教等活动的掩护。

但是，这些学校的开办，也确对天津近代教育的发展起到了一定的积极作用，主要表现为：第一，它们对天津近代普通教育，尤其是对早期普通教育的发展有较大促进作用；第二，建立的女子学堂有助于推动天津女子教育的发展；第三，传播了西学和西艺，使先进的西方科技文明成果为更多中国人所知；第四，这些学校一般师资水平较高，对学校的管理具有较丰富的经验，这为天津近代教育的发展提供了借鉴帮助。

二、日本人士及其宗教机构、财团开办的学校

光绪二十四年七月（1898年8月），天津日租界正式划定。为培养亲日派，光绪二十六年（1900年），日本驻津领事馆在今塘沽海神庙旧址建立了日出学馆，该学馆后更名为普通学堂、共立学堂、共立学校，校址亦迁至日租界伏见街（今和平区万全道）。这是日本在天津建立的第一所学校，也是天津唯一一所由日本人经营的对华人子弟进行教育的学校。

天津日租界设立后，居住天津的日本人越来越多。为解决日侨子女的教育问题，光绪二十八年（1902年），日本基督教会在日租界山口街（今和平区张自忠路）建立了私立天津普通高等小学校（亦称寻常高等小学校）。这是天津第一所专门教育日本子弟的学校。

此后，日本青年会于1919年建立了天津商科夜校（1928年改组为天津实业专科学校），日本东亚同盟会于1921年建立了中日学校，天津日本居留民团大会议长吉田房次郎于1921年建立了私立天津高等女校（1927年被天津日本居留民团接收后改为公立）等。

天津沦陷后，为推行日语教育以达到奴化天津人民的目的，日本的各种宗教机构和财团在天津相继建立了一些学校，如天津立正日华语学校、私立华北电信电话株式会社天津青年学校、三笠日本小学校、吉野日本小学校、大和日本小学校、大和青年学校、三笠青年学校、春日日本国民学校、宫岛日本高等女子职业学校等。

日本人士及其宗教机构、财团开办学校

的最主要目的是为了培养亲日派、进行奴化教育，但在天津广大师生的抵制下，并没有达到预期目的。

第三节　留学教育

天津的留学教育始于光绪二年（1876年）。这一年，直隶总督兼北洋大臣李鸿章出于加强北洋水师建设的需要，从北洋水师中挑选了7名兵弁前往德国学习军事技术。此后，李鸿章又于光绪七年（1881年）、十二年（1886年）、十四年（1888年）相继派出三批人员赴英、法、德等三国学习军事技术。甲午战争后，因日本"明治维新"成效显著，加之路途近、花费少，天津的留学热点由欧美转向日本。光绪二十四年（1898年）和二十五年（1899年），共有天津水师学堂、天津武备学堂、天津医学堂的32名学生留学日本。可以说，在光绪二十六年（1900年）前，天津留学教育的目标主要是向欧美日等国学习军事技术。

光绪二十七年（1901年）《辛丑条约》签订后，面对亡国灭种的巨大危机，有识之士提出全面学习欧美日等国在政治、经济、军事、教育、文化等方面的经验以挽救中国。天津的留学教育因而呈现出蒸蒸日上的局面，大批的人员加入到留学行列之中，其中著名人士就有马寅初、赵天麟等人。

中华民国成立后，天津的留学热潮更加高涨，以周恩来为代表的一批有志青年，就是在此期间赴欧洲留学，并接受了马克思主义，成为坚定的共产主义战士。

光绪七年（1881年），中国首批官派留美幼童被迫回国。在回国的94人中，有50人被分派到天津机器局、天津电报局、天津北洋水师学堂、天津医学堂以及北洋水师。他们对天津城市早期现代化以及教育近代化发挥了重要的作用。

近代天津留学人员中，除个别人（如温世珍）充当日本军国主义侵华的帮凶外，绝大多数成为驰骋政界、商界、教育界、军界以及工程界的英才，如詹天佑曾任"中国天津铁路公司"工程师，修建了津塘铁路、津唐铁路、京张铁路等；蔡绍基曾任北洋大学堂总办；唐绍仪曾任津海关道，后任中华民国首任国务总理等。这些爱国专业人士为天津乃至于中国的政治、经济、军事、教育、文化等方面的发展做出了突出的贡献。

1. 天津卫学

天津设卫筑城后，随着人口的不断增长，子女的教育成为迫在眉睫的紧迫问题。为此，正统元年（1436年），明王朝谕令：全国凡设"卫"的地方都要设卫学。同年，"天津卫学"在今文庙之府庙成立，教学内容为礼、射、书、数四科。"卫学"是儒学的一种，称为"文学"。这是天津市内最早的学校。

4-1 天津卫学

2. 三取书院

三取书院设于三岔河口东岸，始建于清康熙五十八年（1719年），是天津市内第一所培养科举人才的书院。

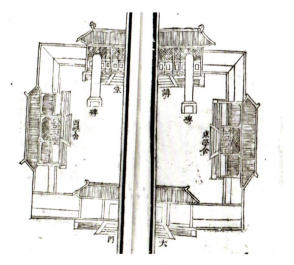

4-2 三取书院

3. 问津书院

随着经济的发展，为了满足读书士子考取功名的需要，清朝时的天津县陆续成立了一些书院。其中，成立于乾隆十七年（1752年）的问津书院是天津具有重大影响的书院。

4-3 问津书院

4. 天津医学堂

天津医学堂，又称北洋医学堂，清光绪二十年五月二十三日（1894年6月26日），直隶总督兼北洋大臣李鸿章奏请设立。该校设于法租界海大道（今和平区大沽路原第十七中学旁），共有房间260间左右。中国首批留美幼童林联辉担任校长，教学人员包括中外医生，学校课程仿照西方学校的标准设置，学校费用由北洋海军经费支出。该校为我国最早的国立西医学校，是中国人从事西医教育的开端。

4-4 天津医学堂

5. 北洋工艺学堂

为培养实用人才，清光绪二十九年（1903年），直隶总督兼北洋大臣袁世凯委派天津知府凌福彭创办并任总办，堂址设在天津旧城东南隅贡院及草场庵庙址。次年，该校由直隶工艺总局接办，更名为直隶高等工业学堂，周学熙任监督，赵元礼任庶务长，孙凤藻任监学，俞象颐任斋务长，日本人藤井恒久任教务长。该校招生对象为贡举生员和中学堂毕业生。

该校初创时设正科和速成科。正科有应用化学科、机器学科，三年毕业；速成科有制造化学科、意匠图绘学科，两年毕业。从光绪三十四年（1908年）开始，共设化学科、机器科、化学制造科、化学专科、机器专科、图绘科及预备科等。为更好地学习西方国家的先进技术，从光绪三十年（1904年）开始，该校派出近三十人前往日本有关学校学习。由于适应了当时民族工业振兴的需要，该校很受社会各方面的重视，被称为是培养工业人才的模范学府。

20世纪20年代末，该校升格为河北省立工业学院。中华人民共和国成立后，该校与北洋大学合并，改名为天津大学。

6. 天津北洋西学学堂（即北洋大学前身）

为培养新型人才，光绪十八年（1892年），津海关道盛宣怀筹划创办新式学堂。经光绪帝批准，该校于光绪二十一年年八月十四日（1895年10月2日）正式成立，盛宣怀兼任总办，美国人丁家立任总教习，学堂一切事务由丁家立负责。

光绪二十二年（1896年），该校更名为"北洋大学堂"，校址为原博文书院旧址（今河西区解放南路海河中学及其解放南园）。该校分设头等学堂、二等学堂，头等学堂为本科，二等学堂为预科，学制均为四年。这是中国近代教育分级设学的开始。

光绪二十六年（1900年），八国联军占领天津后，该校被迫停办。光绪二十八年（1902年），清政府将原西沽武库（今红桥区光荣道6号）拨给该校作为校舍。第二年，该校迁入新址，得以复校。

中华民国成立后，该校更名为北洋大学校、国立北洋大学。该校为中国第一所新型大学，培养出了众多人才。

4-5 北洋工艺学堂

4-6 天津北洋西学学堂

7. 盛宣怀

4-7 盛宣怀

盛宣怀（1844～1916年），字杏荪。江苏武进人。光绪五年（1879年），署天津兵备道。光绪十年（1884年），署天津海关道。次年，任轮船招商局督办。光绪十二年（1886年），任山东登莱青兵备道兼东海关监督。光绪十八年（1892年），任津海关道。同年，上奏请筹办新式学堂。天津北洋西学学堂成立后，兼任总办。

8. 丁家立

4-8 丁家立

丁家立（Tenney Charles Daniel，1857～1930年），美国人，基督教美国公理会教士、教育家。光绪八年（1882年）来华，在山西太谷传教。光绪十二年（1886年）辞去教会职务，赴天津就任李鸿章的家庭英文教师，并在天津设立中西书院。同时，还兼任美国驻天津副领事。光绪二十一年（1895年）天津北洋西学学堂成立后，任总教习。光绪二十九年（1903年），该学堂更名为北洋大学堂后，仍任总教习。在北洋大学堂任教时，该校课程仿照美国著名大学标准，教学重质不重量，凡毕业生皆可直接进入美国著名大学的研究生院。

光绪三十二年（1906年），辞去北洋大学堂总教习职。此后，曾任美国驻华公使馆汉务参赞。1921年退休回国。

9. 王劭廉

4-9 王邵廉

王劭廉（1866～1936年），字少荃。天津人。光绪十二年（1886年）毕业于天津水师学堂，后被派往英国学习海军技术。在英国，先学习造船工程，后学习法律政治。归国后受李鸿章重用，任威海水师学堂、北洋水师学堂教习，讲授英文、数学等课程。他对学生要求严格，教授得法，深受学生爱戴。光绪二十六年（1900年），因八国联军入侵，北洋水师学堂停办。受北京五城御史陈璧邀请，任五城学堂（北师大附中前身）洋文总教习。陈璧升任顺天府尹后创办顺天学堂，又任洋文总教习。

光绪三十二年（1906年），美国教育家丁家立辞去北洋大学堂总教习之职，向直隶总督兼北洋大臣袁世凯推荐了王劭廉。于是，王劭廉接任北洋大学堂总教习，开创了中国人管理近代新式大学的先河。

王劭廉还先后担任直隶学务公所议长、天津县议事会副议长、直隶咨议局局长等职。宣统元年（1909年），清政府因其"兴办教育持久"特奖予进士出身。

10. 严修

严修（1860～1929年），字范孙。天津人。中国近代著名教育家和学者。光绪九年（1883年）癸未科进士。曾任翰林院编修、国史馆协修、会典馆详校官、贵州学政、学部侍郎等职，先后开办严氏家塾、严氏女塾、严氏保姆讲习所、严氏蒙养园、敬业中学堂、民立第一两等小学堂、民立第二小学堂、天津师范讲习所、南开学校、南开大学等学校，培养出一大批人才。

4-10 严修

11. 张伯苓

张伯苓（1876～1951年），名寿春，以字行。天津人。中国著名教育家。光绪十八年（1892年）入天津水师学堂学习驾驶。光绪二十三年（1897年）毕业后服务于海军，不久离职回天津执教于严氏家塾。光绪三十年（1904年），严氏家塾改建为私立敬业中学堂。光绪三十三年（1907年），在天津城区南部的开洼地（即民间所称"南开"），建成新校舍，遂改称私立南开中学堂，从此声名渐著。1918年着手筹办私立南开大学。1919年秋正式开学。1923年，创办私立南开女子中学，1928年创办私立实验小学。

1936年，迫于抗战形势的紧要和南开学校的生存发展，张伯苓创办了重庆南开中学。

"七七"事变后，南开大学校舍被日军飞机炸成废墟，南开大学先迁长沙，继迁昆明，与北大、清华合组成西南联合大学，张伯苓任校委会常委。1938年7月，张伯苓任国民参政会副议长，同年加入中国国民党。1945年当选为中央监察委员。1948年6月，出任国民政府考试院院长，不久辞去。后在天津逝世。

4-11 张伯苓

12. 南开学堂

前身为严氏家塾和王益孙家塾（成立于光绪二十六年〈1900年〉）合并而成的私立敬业中学堂。光绪三十三年（1907年），在天津城区南部的开洼地（即民间所称"南开"），建成新校舍，遂改称私立南开学堂。

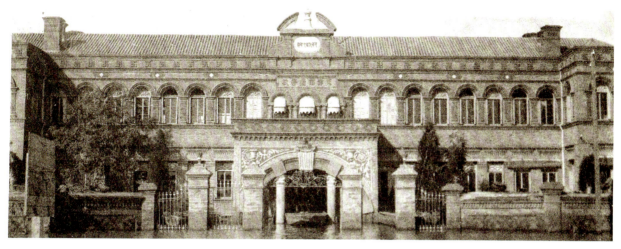

4-12 南开学堂

13. 南开大学

　　1918年筹备，1919年秋正式开学。当时设文、理、商三科。由于严修、张伯苓的努力，南开大学延聘了大批知名学者到校任教，不久即声名鹊起，成为国内著名大学。"七七事变"后，在昆明与北大、清华合组"西南联合大学"，1946年迁回天津后改为国立。

4-13 南开大学

14. 南开女中

　　虽然南开大学早在其成立的第二年就开始实行男女同校，但由于当时直隶地区缺乏应有的中等女子教育作为基础，因此并没有太多的女生考入大学接受高等教育。有鉴于此，张伯苓等人在推动南开中学和南开大学稳步发展的同时，又开始为兴办南开女子中学而奔波忙碌起来。1923年秋，南开女中正式成立，开设初一、初二两个年级。

　　两年之后，报考南开女中的人数激增，使得原来租用的校舍已经不敷应用。因此，在1926年3月，南开女中新校舍建成（地址位于今第二南开中学）。此时，女中除初一、二年级外，又增添了初三年级。为满足即将毕业的初中女生提出的添设高中部的合理请求，女中还添设了高中一年级，并分成文科班和理科班。

4-14 南开女中

15. 天津工商学院

位于今河西区马场道117号（现为天津外国语大学）。1921年由法国天主教创办，是一所专科大学。1923年秋成立预科，正式开学。1924年开始建筑别具风格的教学大楼。教学大楼由法国永和工程司设计，为三层混合结构，坐南朝北，主门厅居于正中。一至三层主要是教室、备课室及办公室，西翼是教堂，并设有单独入口。1931年学校初具规模。1933年8月，因所设系科数量未达"大学"标准，注册时易名河北省私立天津工商学院。1943年9月，该院添设女子文学系。1945年秋又添设家政系及史地系。1946年秋，在工科添设机械系，在商科添设工商管理系，达到3院10系。1948年秋，学校获准重新注册为"私立津沽大学"。

4-15 天津工商学院

16. 北洋女子师范学堂

中国最早的女子师范学堂。清光绪三十二年（1906）创办于天津。初设简易科，一年半毕业，学生约40人。旋在沪招生五六十人，合为两班，添聘教师，建筑校舍。三十四年（1908年）设完全科、预科两种。完全科4年毕业，分第一、第二两部；预科两年毕业。1913年更名为直隶女子师范学校。1916年又更名为直隶第一女子师范学校。1930年并入河北省立女子师范学校。

4-16 北洋女子师范学堂

17. 天津新学书院

该校由英国基督教伦敦海外布道会于光绪二十八年（1902年）创办，位于法租界海大道（今和平区大沽路原十七中学），第一任院长是赫立德（S.L.Hart）。该校为大学制，学制四年，有格致、博学、化学等科目；分南北两楼，设有礼堂、会议室、机械实验室、化学实验室、理化室、阅览室、体操房、篮球场、饭厅、学生宿舍、淋浴室、博物院等。1930年，该校改为中学。

4-17　天津新学书院

18. 天津府县劝学所

光绪三十二年（1906年），奉学部之命，设立天津府劝学所和天津县劝学所（劝学所相当于教育局），管理天津境内小学堂和中学堂。

4-18　天津府县劝学所

19. 天津首批留日师范生启程赴日

光绪二十九年（1903年）秋，天津首批留日师范生启程赴日本弘文学院学习。这批留日生有陈哲甫（曾任北京高等师范学校〈北京师范大学前身〉教授）、陈筱庄（曾任北京高等师范学校〈北京师范大学前身〉校长）、胡玉孙（曾任山东省公署教育科主任）、李琴湘（曾任直隶省公署教育科主任）、华芷龄（曾

于1914年任天津劝学所所长）、郑菊如（曾任南洋劝业会驻宁〈南京〉委员）、徐毓生（曾任江苏铜山县民众教育馆馆长）、刘宝慈（曾任直隶第一模范小学堂首任堂长〈校长〉）等10人。

4-19　天津首批留日师范生启程赴日

20. 直隶学务公所

为推广学堂教育，光绪二十八年七月初五（1902年8月8日），直隶总督兼北洋大臣袁世凯在保定设直隶学校司。光绪三十年（1904年），学校司更名为学务处。第二年，学务处移至天津。光绪三十二年（1906年），学务处更改为直隶提学使司，不久又改为直隶学务公所，负责全省新式教育的推广。这是直隶学务公所外景。

4-20　直隶学务公所

21. 严氏女学

光绪二十八年（1902年）秋，严修为了借鉴日本发展教育的经验，自费赴日考察。在日期间，访问了日本女子教育家大野铃子、教育家伊泽修二等，又参观考察渡边小学校、华族女学校、爱珠幼稚园及常盘小学校附属幼稚园等。

这次考察让严修对女子教育产生了浓厚的兴趣，回国后，他于同年冬天即在家宅创办了严氏女塾。开始时学生主要是严氏家属，初创时，聘日籍教师授课。

严修是中国最早的女学倡办者之一。严氏女塾被《大公报》称为"女学振兴之起点"。光绪三十一年（1905年），严氏女塾改为严氏女学，设高小、初小两级，逐步设置国文、英文、日文、数学、理化、史地、音乐、图画各课，是天津最早的女子小学堂。严氏女学是一所正规的女子小学，是直隶女学的发端，不仅在直隶开风气之先，也是全国最早的女学之一，为直隶女学的发展奠定了基础。

4-21 严氏女学

22. 直隶第一模范小学堂

成立于光绪三十二年（1906年），校址位于南开区鼓楼西（今中营小学），刘宝慈担任该校校长长达36年。

4-22 直隶第一模范小学堂

23. 民立第四女子学堂

创办于光绪三十三年（1907年），校址在东马路。

4-23 民立第四女子学堂

24. 天津府官立中学堂

创办于光绪二十九年（1903年），俗称铃铛阁中学。1933年更名为河北省立天津中学校。

4-24　天津府官立中学堂

25. 耀华学校

1927年，英租界华人纳税会董事长庄乐峰先生创办天津公学。1934年更名为耀华学校，取"光耀中华"之意，提出"尚勤尚朴，惟忠惟诚"的校训和含义深刻的校歌，逐渐形成了"治学严谨、管理规范、崇尚民主、广育良才"的办学特色，深得社会信赖。著名爱国教育家赵天麟曾任校长。

4-25　耀华学校

26. 赵天麟

4-26　赵天麟

赵天麟（1886～1938年），字君达。天津人。著名爱国教育家。先后毕业于天津府官立中学堂和北洋大学法律系。宣统元年（1909年）毕业于美国哈佛大学法律科，获法学博士学位。1914年，任国立北洋大学校长。

1920年，赵天麟辞去北洋大学校长职务，任开滦矿务局协理。由于他在教育界的声望，1934年又被邀请出任耀华中学校长。他以"尚勤尚朴，惟忠惟诚"为校训，严格选择师资，在教育工作中要求德、智、体三育并重，受到全校师生的爱戴，取得斐然成绩。

天津沦陷后，赵天麟决心为抵抗日本的殖民统治而斗争到底。同年12月12日，他邀请租界区教育界50多位校长和教师召开秘密会议，并在会上作了慷慨激昂的爱国演说，号召不买日货，永不当亡国奴。并把耀华中学作为爱国斗争的一个据点。1937年校庆时悬挂中国国旗，率领大家高唱中国国歌，反对日本进入学校。1938年，赵天麟步行去学校途中，突被日本宪兵队暗杀团的两名特务枪杀，中弹牺牲，时年52岁。

27. 马千里

4-27 马千里

马千里（1885～1930年），名仁声，以字行。浙江绍兴人。著名教育家。毕业于南开学堂和北洋大学堂，曾在南开中学和直隶第一女子师范学校任教，既是周恩来的老师，又是邓颖超的老师。1921年创办达仁女校并任校长，邓颖超被聘为教员。马千里积极支持天津女界的活动，帮助邓颖超等人组织女星社，协助刘清扬等女界人士创办了全国唯一专门讨论妇女问题的日报——《妇女日报》。北伐战争之后，马千里任河北省立一中校长，一如既往地热心于教育事业。

28. 私立河北中学

创办于1927年，校址位于今河北区三马路。

4-28 私立河北中学

29. 天津市立中学

天津市立中学即天津市第一中学的前身。1941年，汇文学校和新学学校被迫迁址外地办学，日寇将其校址改为天津特别市二中、三中。抗战胜利后，国民党政府将市一中（即铃铛阁中学）划归河北省，市二中改为一中，市三中改为二中。但不久后，汇文、新学两校相继提出复校收回校址的要求，当时在汇文、新学两所学校校址上学的学生一夜之间竟成为无处求学的"弃儿"。在当时一中地下党组织的领导下，一场轰轰烈烈的复校斗争开始了。经过艰苦的斗争，1947年，国民党天津市政府被迫同意将位于今和平区西安道上的旧英国兵营拨归市一中使用，同时将市二中归并进来，成立天津市立中学。

4-29 天津市立中学

30. 直隶水产专门学校

创办于宣统二年（1910年），初创时名为直隶水产讲习所，借长芦官立中学堂旧址（位于今河北区黄纬路）开课，创办人孙凤藻（字子文），设渔捞、制造两科。第二年更名为直隶水产专门学校。

4-30　直隶水产专门学校

31. 天河师范学堂

光绪三十一年四月二十九日（1905年6月1日），为培养天津、河间两府小学师资力量而创建天河师范学堂（亦称天津初级师范学堂），胡玉荪为监督（校长），堂址位于西北角文昌宫。该学堂设完全科、简易科两种。完全科五年毕业，简易科一年毕业。

光绪三十三年（1907年），该校废除简易科，增设理化选科，为中学堂和初级师范学堂培养理化教员，附设两所小学堂，并更名为天津两级师范学堂。宣统二年（1910年），又更名为直隶省立第一师范学堂。中华民国成立后，改堂为校，先后称为直隶省立第一师范学校、河北省立第一师范学校。

4-31　天河师范学堂

32. 天津市立师范学校

创建于1930年，位于河东特二区海河东岸（今市第二十六中校址），是第一所市属师范学校，时子周为首任校长。该校先后设置师范本科、本科职业班、教育学班、完全师范科、幼稚师范科、义务师范科、初级中学班、小学教师进修班、图书馆学班、讲经班等，并附设一所小学和一所幼稚园。

4-32　天津市立师范学校

33. 北洋女子师范学堂

为培养初级及高等小学堂女教员并促进女学的普及，光绪三十二年（1906年），由戊戌科进士、总理天津女学事务的傅增湘创办北洋女子师范学堂，傅亲任监督（校长），堂址位于今河北区西窑洼。这是该堂首次开学时的合影。

4-33 北洋女子师范学堂

34. 河北省立第一女子师范学校

中华民国成立后，北洋女子师范学堂更名为直隶女子师范学校。1928年，执政的国民党政府将直隶省更名为河北省，该校遂改称为河北省立第一女子师范学校，并迁至原北洋客籍学堂地址（今天津美术学院）。这是该校外景。

4-34 河北省立第一女子师范学校外景

35. 私立直隶法政学校

该校位于今河北区志成道一带，前身为保定法政学校。1915年3月20日，经北洋政府教育部正式认可为私立直隶法政学校。

4-35 私立直隶法政学校校舍

36. 北洋法政专门学堂

光绪三十二年（1906年）创办，位于今河北区志成道33号，是中国最早的法政学校，培养出大批法律、政治、经济、商学等方面的人才。该校先后称为北洋法政专门学堂、北洋法政学堂、北洋法政专门学校、直隶法政专门学校等。

4-36 北洋法政专门学堂

37．河北省立法商学院

成立于1929年，由直隶法政专门学校、直隶商业专门学校、私立直隶法政学校合并而成，位于今河北区志成道33号，设法律、政治、经济、商业四系。

4-38　法汉学校旧址

4-37　河北省立法商学院

38．法汉学校

创办于光绪二十一年（1895年），由法国天主教圣母文学会主管。光绪十七年（1891年），该会传教士向法国驻津领事馆申请在津办学，得到同意后，在紫竹林教堂附近创办一所小学（后迁至法国工部局附近），定名为法国学堂（又名法文学堂）。该校学生大多数是中国儿童，学校的课程以法文教学为主。光绪三十三年（1907年），该校迁至望海楼东院原法国驻津领事馆旧址，并更名为法国工部局学堂。1916年，天津教区主教杜保禄修建西开教堂之后，利用法国工部局供给的资金，在西开教堂对面兴建新校舍，竣工之后，该校迁入，并更名为法汉学校。

39．法汉学校新校舍

1916年，天津教区主教杜保禄修建西开教堂之后，利用法国工部局供给的资金，在西开教堂对面兴建新校舍，竣工之后，法国工部局学校迁入，并更名为法汉学校。新校舍为丁字形三层大楼。这是法汉学校位于老西开的新校舍（今市第二十一中学）。

4-39　法汉学校新校舍

40．圣功女中

为解决租界内幼女入学问题，中国籍天主教神甫李鲁宜、杨茮仁、英实夫等人在1914年6月28日创办圣功学校。校址初设法租界义庆里，1915年，迁至法租界海大道（今大沽路），1916年，复迁至法租界二十六号路（今和平区滨江道劝业场小学校址）。1929年设女中部。1940年，女中部迁至英租界陶园（今河西区马场道新华中学校址），并更名为圣功女中。

4-40 圣功女中师生合影

41. 汇文中学

创立于光绪十六年（1890年），是美国基督教美以美会主办的。初为"成美馆"，设于法租界海大道（今和平区大沽路）。宣统三年（1911年），迁至南门外南关下头（今和平区荣安大街汇文中学校址）。1913年改称"成美中学校"。1919年定名为"汇文中学校"。

4-41 汇文中学

42. 中西女中

创办于宣统元年七月二十四日（1909年9月8日），是美国基督教美以美会主办的，初设于法租界海大道马家口（今和平区大沽路广场桥）附近的一所教堂内，1915年3月27日，迁至南门外南关下头（今南开区南门外大街长征中学校址）新校址，刘芳（字馨廷）为校长。该校采用"道尔顿"升降级的学分制度，并设有六、七间钢琴房，是当时天津中学中独一无二的。

4-42 中西女中

43，麦诺斯特兄弟会学院

为解决租界内外籍人士子女的教育问题，由法国天主教麦诺斯特兄弟会于1920年创办了麦诺斯特兄弟会学院，位于法租界二十六号路（原滨江道滨江医院旧址）。该校开设有英文班和法文班，后更名为圣路易中学。

4-43 麦诺斯特兄弟会学院

44. 私立天津寻常高等小学校

光绪二十四年七月（1898年8月），天津日租界正式划定。随着居住天津的日本人越来越多，为解决子女的教育问题，光绪二十八年（1902年），日本基督教会在日租界山口街（今和平区张自忠路）建立了私立天津寻常高等小学校（亦称私立天津普通高等小学校）。这是第一所专门教育日本子弟的学校。

4-44　私立天津寻常高等小学校

45. 英文学校

为使英侨子女受到教育，光绪二十一年（1895年）和光绪二十三年（1897年），英国基督教圣公会（亦名安立甘会）在今和平区浙江路6号和8号设立男女学堂各一所。光绪二十四年（1898年），两校合并，并在位于今和平区浙江路的安立甘教堂内建造新校舍，合并后的学堂被命名为安立甘教会学堂。

光绪三十一年（1905年），该校迁至英租界怡丰道（今和平区湖北路市第二十中学校址），并更名为天津英国文法学堂。民国成立后，该校又改称为天津英文学校。20世纪20年代，该校由英租界工部局接办。太平洋战争爆发后，该校停办。

4-45　英文学校

46. 圣约瑟女子学校

由法国天主教圣方济圣母会创办于1914年，位于法国大法国路（今和平区解放北路），为一所专门教育外侨女童的学校。1918年迁至法租界杜总领事路（今和平区和平路）与威尔顿路（今和平区承德道）交口处。1923年，在法租界萨工程师路（今和平区山西路市第十一中学校址）建成新校舍，该校遂迁至此。

4-46　圣约瑟女子学校

47. 天津工人工余补习学校

中国共产党成立后，天津的工人运动蓬勃发展。1921年9月，在李大钊的直接领导下，天津北洋法政专门学校教员安体诚、于树德在恒源纱厂附近的宇纬路4段12号创办了天津第一所工人学校——天津工人工余补习学校，招收工人和学徒40余人入校学习。

4-47 天津工人工余补习学校师生合影

48. 安体诚（右）

安体诚（1896~1927年），字存斋，笔名存真。直隶丰润人。中共早期党员。1917年7月毕业于天津北洋法政专门学校。1921年7月毕业于日本京都帝国大学经济学部。回国后到天津北洋法政专门学校任教，同年9月参与创办天津工人工余补习学校，开展工人运动。

49. 于树德（左）

于树德(1894~1982年)，字永滋。直隶静海人（今属天津）。中共早期党员。曾加入同盟会，参加了辛亥革命。后入天津北洋法政专门学堂读书，与李大钊是同学。1917年参与组织天津"新中学会"。1918年入日本京都帝国大学经济部学习。1921年7月回国到天津北洋法政专门学校任教，同年9月参与举办天津工人工余补习学校，开展工人运动。

4-48、49 安体诚 于树德

50. 平民学校

1924年7月，中国共产党天津地方执行委员会正式成立。为开展工人运动，中共党员和共青团员深入工厂举办平民学校，发展党员，建立工会，开展工人运动。平民学校的教学内容主要是学习注音字母、工人应知的常识及卫生等，教学方法采取启发式和讲演式，不尚书本和注入式。

4-50 平民学校旧址

第五章 ● 建筑篇

建筑是人类使用石材、木材等材料搭建的一种供人居住和使用的物体。广义上讲，园林也是建筑的一部分。

从风格上看，天津的建筑主要分为中式、日式和西式三种；从功能上讲，则主要分为公用和私用两类。

中式建筑主要有寺庙、道观、庵院、楼宇以及四合院等。日式建筑主要有日式住宅、日式殿堂等。按照国别划分，天津的西式建筑主要有英国式、法国式、意大利式、俄罗斯式、德国式、奥匈帝国式、西班牙式等。若从建筑风格来看，其又可被分为哥特式、罗马式、法国古典主义式、象征主义式、折中主义式、现代主义式、英国都铎式、意大利文艺复兴式、浪漫主义式、尼德兰式等。

哥特式（或译作歌德式）建筑：11世纪下半叶起源于法国，13～15世纪流行于欧洲。最主要的特点是高耸的尖塔，超乎寻常的尺度和繁缛的装饰形成统一向上的韵律，整体风格为高耸瘦削。哥特式建筑以卓越的建筑技艺表现了神秘、哀婉、崇高的强烈情感，对后世其他艺术均有重大影响。

罗马式（或译为罗曼式）建筑：10～12世纪，流行于欧洲基督教地区的一种建筑风格。其典型特征是墙体巨大而厚实，墙面用连列小券，门洞用同心多层小圆券构成。中厅大小爱奥尼克柱有韵律地交替布置。窗口窄小，在较

大的内部空间造成阴暗神秘气氛。

法国古典主义式建筑：流行于17世纪至18世纪初，是路易十三和路易十四专制王权极盛时期的一种建筑风格。其特点是推崇古典柱式，排除民族传统与地方特色。在建筑平面布局、立面造型中以古典柱式为构图基础，强调轴线对称，注意比例，讲求主从关系。建筑中多采用突出中心与规则的几何形体。此类建筑往往运用三段式构图手法，追求外形端庄的美感与完整统一的稳定感，而内部空间与装饰则常兼具巴洛克风格。

象征主义式建筑：象征主义亦称"象征派"，是19世纪末兴起于法国的一种思潮和文学流派。第一次世界大战前，其影响遍及欧洲，并波及包括建筑学在内的各个艺术门类。象征主义建筑的特点是在满足建筑基本功能的基础之上，追求强烈的个性表现，将设计思想及意图寓于建筑造型之中，从而激发人们的共鸣与联想。

折中主义式建筑：19世纪上半叶至20世纪初，流行于欧美一些国家的一种建筑风格。其特点是建筑师任意模仿历史上各种建筑风格，或自由组合各种建筑形式，不讲求固定的法式，只注重比例均衡，追求纯形式美。

现代主义式（或译作现代派）建筑：该建筑理念产生于19世纪后期，成熟于20世纪20年代，现在西方建筑界居主导地位。其特点是建

筑师摆脱了传统建筑形式的束缚，大胆创造适应于工业化社会条件、要求的崭新建筑，因此其同时具有鲜明的理性主义和激进主义色彩。

英国都铎式建筑：因流行于英国都铎王朝（1485～1603年）而得名。其特点是哥特式和文艺复兴式风格相混合，有突出的交叉骨架山墙和凸窗以及狭长的窗扇。一般有两、三个砖石砌的大烟囱，并有装饰线脚。墙体采用砖石及抹灰等材料组合而成。在此类建筑中，双悬式或棱形窗也较普遍，入口处则多饰以由石料砌成的拱形边框。

意大利文艺复兴式建筑："文艺复兴建筑"是欧洲建筑史上继哥特式之后出现的一种建筑风格。其15世纪产生于意大利的佛罗伦萨，后传播到欧洲其他地区，并形成各具特点的各国文艺复兴建筑。其中，意大利文艺复兴建筑占有最重要的位置。此类建筑最明显的特征是扬弃了中世纪时期的哥特式建筑风格，而在宗教和世俗建筑上重新采用古希腊罗马时期的柱式构图要素。

浪漫主义式建筑：18世纪下半叶到19世纪下半叶，在欧美一些国家文学艺术中浪漫主义思潮的影响下，产生并流行的一种建筑风格。"浪漫主义"源于英国，其在艺术上强调个性，提倡自然主义，主张用中世纪的艺术风格与学院派的古典主义艺术相抗衡。这种思潮在建筑上表现为追求超尘脱俗的趣味与丰富多彩的异国情调。

尼德兰式建筑："尼德兰"一词意为低凹之地，包括今荷兰、比利时、卢森堡和法国东北部的部分地区。尼德兰建筑在保持中世纪传统的同时，具有了一些柱式细部，加强了水平划分，并在山花上形成几个台阶式的水平层，每一层两端用涡卷与下层联系。此外，哥特式的小尖塔也被方尖碑代替。16世纪后，除一些柱式细节手法之外，尼德兰式市民建筑中以红砖为墙，白石砌角隅、门窗框、分层线脚和雕饰等的做法广泛流行。

根据使用情况，前述建筑又可被分为"公用建筑"与"私用建筑"两类。公用建筑主要包括学校、医院、戏院、影院、宾馆、饭店、花园、体育场、博物馆、图书馆等；私用建筑则主要为私人住宅、高级里弄住宅、连排式集合住宅、公寓大楼等。限于篇幅，本章将重点介绍私人住宅中的名人故居。

所谓"名人"，即知名人士，主要指各行各业中备受瞩目的人物。本篇所涉及的"名人"，主要包括清朝逊帝与遗老遗少；北洋政府统治时期国家元首、国务总理、督军总长及其他人士；国民党政府统治时期军政人士、爱国人士、工商界人士、文化人士、外籍人士及其他人士等11类。这些名人的故居旧址主要分布于近代天津的各国租界内。

所谓"租界"，是指两个国家议订租地

或租界章程后，在其中一国的领土上为拥有行政自治权和治外法权（即"领事裁判权"）的另一国设立的合法的外国人居住地。在中国，"租界"特指近代历史上西方列强通过不平等条约强行在中国获取的租借地，其多位于沿海、沿江的港口城市，例如中国第一个外国租界是清道光二十五年（1845年）于上海划定的英租界。

由于具备特殊的地理位置，天津很早就引起西方列强的重视。咸丰十年九月十一日（1860年10月24日）、十二日（25日）和十月初二日（11月14日），清政府被迫与英、法、俄等国签订《天津条约续增条约》（即《北京条约》），规定开天津为通商口岸。当年底，天津出现了第一个外国租界——英租界，之后不久，法、美两国亦在天津设立了租界。

中日甲午战争后，德、日两国又先后在天津设立租界，英租界也趁机进行了第一次扩张。"庚子之变"后，俄、意、奥、比四国先后在天津设立了租界，"九国租界并立津门"的局面由此形成。在此后的3年内，英、法、德、日等国借机扩展租界，被抢占和扩展的土地面积达到16600亩，天津租界的总面积也达到23005.5亩，为旧天津城的8倍。各国（特别是英、法、意等国）租界当局为了建设一个与国内生活无异的社区，将各自国家在市政建设方面的措施如铺设沥青马路、设置路灯、架设桥梁、开设公共交通、建立发电设施、铺设自来水管道和下水管道等均移至天津租界内，使得租界生活与华界迥然不同。特别是进入20世纪20年代，天津租界的市政建设有了长足发展，不仅具备了良好的道路、交通、住房、卫生条件，而且商业发达，娱乐设施齐全，无疑已成为当时中国北方最为现代化的城区和最为舒适的"安乐窝"。

为推销本国产品攫取中国财富，天津各国租界当局除广泛招商外，还以"治外法权"相号召，吸引中国的达官显贵来租界买地建房。由于中国政府对租界没有管辖权，中国军队（包括警察）不能随便进出穿行。即便是在北洋各军及国民军宣布"占领天津"时期，其最多也仅是实现了对今和平区多伦道以北华界的控制，而对租界仍难以有丝毫染指。在此情况下，中国当局无法进入租界捉拿通缉犯，而租界当局出于维护特权的考虑，亦往往对国事犯予以庇护。深明此理的北洋军阀与政客们因此就将租界当作了政治"避风港"和"安全岛"。

许多北洋军阀与政客均出身于新建陆军，自小站练兵时起即与天津有着极深的渊源。同时，天津各国租界因受到本国军事实力的保护，远离纷乱的政局与战场，相对较为平静。加之首都北京近在咫尺，一有风吹草动，这些军阀政客即刻便可进京参与政治。因此，他们纷纷迁入天津租界，将租界作为进可干预政治，退可保护自身的可靠壁垒。与此同时，清朝逊帝、遗老遗少出于复辟的目的，不愿远离政治中心，也都相继前往天津租界居住。据天津市第三次全国文物普查领导小组办公室统计，目前全市共发现不可移动文物2246处，其中名人故居就达100多幢。另据不完全统计，自1912年至1937年"七·七"事变前，共有500余名人寓居天津的各国租界，其中包括北洋政府统治时期的5位总统、1位临时执政、1位陆海军大元帅、6位总理、17位督军、19位总长、3位省长、2位议长、2位巡阅使以及国民党政府统治时期的4位省主席等。

这些达官显贵迁入天津租界共有三次高潮：

（1）1912年辛亥革命胜利，清帝退位，民国成立，中国结束了两千多年的封建统治。这一年，进入天津租界的几乎都是逊清贵族和旧派文人，如那桐、荣庆、吴重熹、华世奎等。

（2）1917年张勋复辟，段祺瑞兴兵"讨逆"，北京政局陷入动荡，军阀混战从此开始。同一时期，各路军阀在天津大肆活动，一大批在位及下野的军阀政客，如冯国璋、李纯、倪嗣冲、陆宗舆等，纷纷在天津租界买地建房。他们成为进入天津租界的第一批北洋寓公。

（3）1924～1928年，中国先后爆发了第一次江浙战争、第二次直奉战争、胡憨战争、第二次江浙战争、浙奉战争、郭松龄反奉战争、国奉战争、北伐战争、国民军与奉直晋联军战争等。由于战乱频仍，军阀们早早就将家眷、财物转移至天津租界，一旦兵败下野他们即可躲入租界避难。在此情状下，一大批北洋军阀、政客，如陈光远、张锡元、蔡成勋、曹锟、郑士琦、鲍贵卿、颜惠庆、潘复等，皆迁入天津租界做起了寓公。

为享受骄奢淫逸的生活，这些达官显贵们纷纷聘请知名设计师和建筑公司设计、施工，建成美轮美奂的西式建筑。这些建筑风格各异，且洋味十足，与北京传统的中式四合院形成鲜明对比。毛泽东主席就曾以"北京的四合院、天津的小洋楼"来形容两市的建筑特点。

在近代天津诸国租界中，英、意租界治安较好，商业发达且娱乐设施较全，吸引了众多显贵富商来此定居。也正因为如此，天津的名人故居主要集中在英租界的"五大道"地区和意租界范围内，如"五大道"地区的载振故居（即"庆王府"，位于重庆道）、孟恩远故居（位于重庆道）、蔡成勋故居（位于大理道）、王占元故居（位于大理道）、陈光远故居（位于大理道）、孙殿英故居（位于大理道）、意租界的鲍贵卿故居（位于平安街）、程克故居（位于进步道）、袁乃宽故居（位于海河东路）等。这些珍贵遗产是近代天津中西文化交融的产物，是难以磨灭的历史见证，值得我们很好的保护，使之成为休闲娱乐和观光旅游的场所，从而造福于人民群众的幸福生活。

第一节　清朝逊帝及遗老遗少故居

1. 溥仪故居（静园）

溥仪（1906～1967年），姓爱新觉罗。为清朝逊帝和伪满洲国"执政"和"皇帝"。

"静园"坐落在日租界宫岛街（今和平区鞍山道70号）。始建于1921年，原为北洋政府驻日公使陆宗舆宅邸，原名"乾园"。1929年7月溥仪移居"乾园"，为恢复帝制、静待时机，故将"乾园"改名为"静园"，被列为天津市文物保护单位。

5-1　溥仪故居

2. 载振故居（庆王府）

载振（1876～1947年），字育周。满族镶蓝旗人，姓爱新觉罗，宗室。庆亲王奕劻长子。曾任商部尚书、农工商部尚书、蒙八旗正红旗副都统、弼德院顾问大臣等职。1917年承袭庆亲王爵位，成为第四代庆亲王。

庆王府是载振购自太监总管张兰德的私产，为一座中西合璧式楼房，局部三层，平顶。平面布局呈矩形，南北向，中间中空到顶，大罩棚式厅顶，被列为天津市文物保护单位。

5-2　载振故居（庆王府）

3. 那桐故居

那桐（1857～1925年），满族镶黄旗人。姓叶赫那拉，字琴轩。曾任内阁学士、总理各国事务衙门大臣兼理藩院左侍郎、户部右侍郎、户部尚书、体仁阁大学士、军机大臣、"皇族内阁"协理大臣、弼德院顾问大臣等要职。

那桐故居坐落于今和平区新华路176号。民国初年，那桐在此购买地皮盖起一大一小两座楼房，均为德式别墅。大楼已于1980年拆除，小楼保存完好，那桐隐居后主要在此居住，被列为和平区文物保护单位。

5-3 那桐故居

第二节 北洋政府统治时期军政人员故居

一、北洋政府统治时期国家元首故居

1. 徐世昌故居

徐世昌（1855～1939年），字卜五，别号菊人、东海、弢斋、水竹邨人。天津人。曾任翰林院编修、新建陆军参谋营务处总办、署兵部左侍郎、军机大臣、督办政务大臣、巡警部（后称民政部）尚书、东三省总督、邮传部尚书、"皇族内阁"协理大臣等职。中华民国成立后，曾任国务卿、中华民国大总统等要职。

徐世昌故居坐落在今和平区新华南路255号。整座住宅共有九所楼房。虽然建在一块宅基上，但自成体系。徐氏自住一所，其余为眷属分住。徐氏自住的是一个独立大院，为一所西式三层楼，被列为和平区文物保护单位。

5-4 徐世昌故居

2. 曹锟故居

曹锟（1862～1938年），字仲珊。天津人。直系军阀第二任首领。曾任第三师师长、长江上游警备总司令、直隶督军兼省长、两湖宣抚使、川粤湘赣四省经略使、直鲁豫巡阅使、中华民国大总统等要职。

曹锟故居坐落在今和平区南海路2号。建于1923年，人称曹公馆，是曹锟下野后给四姨太刘凤伟新建的一幢西式洋楼。为二层砖瓦楼房，带地下室，被列为和平区文物保护单位。

5-5 曹锟故居

3. 段祺瑞故居

段祺瑞（1865～1936年），原名启瑞，字芝泉，晚号正道老人。安徽合肥人。"北洋三杰"之"虎"。皖系军阀首领。曾任新建陆军炮营管带兼武卫右军各学堂总办、署湖广总督。中华民国成立后，曾任湖北都督、河南都督、陆军总长、国务卿、国务总理、中华民国临时执政府临时执政等要职。

段祺瑞故居坐落于今和平区鞍山道38号。建成于1920年，原是曾任北洋政府陆军总长吴光新（段的妻弟）的私产，后让于段居住，人称"段公馆"，是当年日租界最为豪华的私人公馆式住宅，被列为和平区文物保护单位。

5-6 段祺瑞故居

二、北洋政府统治时期国务总理故居

1. 龚心湛故居

龚心湛（1871～1943年），字仙舟。安徽合肥人。曾任财政总长、内务总长、交通总长、代理国务总理等要职。

龚心湛故居坐落在今和平重庆道64号。该建筑为西式三层砖木结构，有地下室，被列为和平区文物保护单位。

5-7 龚心湛故居

2. 靳云鹏故居

靳云鹏（1877～1951年），字翼青。山东济宁人。曾任第十九镇总参议、第五师师长、署山东都督、陆军总长、国务总理等要职。

靳云鹏故居坐落在今和平区四川路2号，系1929年以延福堂名义购自英租界工部局。为一所庭院式洋楼，前楼是三层主楼带地下室，正面有宽大的台阶。后楼是二层前廊式条式楼房。靳氏住在主楼的一楼。由于他下台后热衷参佛，所以还设有佛堂，被列为和平区文物保护单位。

5-8　靳云鹏故居

3.　颜惠庆故居

颜惠庆（1877—1950），字骏人。上海人。曾任北洋政府外交总长、内务总长、农商总长、国务总理等要职。

颜惠庆故居位于今和平区睦南道24号。该楼墙体使用烧焦的疙瘩砖砌筑，设有各种形式的阳台、露台，正面立有五棵方柱，外檐造型多变，凹凸结合，精美别致。后售与大连永源轮船公司经理李学孟。

1943年李学孟以每月伪币3000元的价格将这处私人住宅出租给伪满洲国作为驻津领事馆使用，直到1945年日本投降。被列为天津市文物保护单位。

5-9　颜惠庆故居

4.　张绍曾故居

张绍曾（1880～1928年），字敬舆。河北大城人。曾任第二十镇统制、国务总理兼陆军总长等要职。

张绍曾故居位于今和平区河北路334号，被列为和平区文物保护单位。

5-10　张绍曾故居

5.　顾维钧故居

顾维钧（1888～1985年），字少川。江苏嘉定（今属上海市）人。著名外交家。曾任外交总长、国务总理等要职。

顾维钧故居坐落在今和平区河北路267号。其宅建于1921年，顾维钧1924年曾在此小住。主楼三层，门前一对巴洛克式麻花形柱，端庄典雅，被列为天津市文物保护单位。

5-11　顾维钧故居

6. 潘复故居

潘复（1883～1936年），原名贞复，字馨航。山东济宁人。曾任财政部次长兼盐务署署长、财政总长、国务总理等要职。

潘复故居坐落在今和平区马场道2号，是一座典型的西欧风格的花园住宅。该楼是潘复于1919年委托开滦煤矿董事长庄乐峰请法国建筑师设计并建造的，被列为和平区文物保护单位。

5-12 潘复故居

三、北洋政府统治时期督军、总长故居

（一）督军故居

1. 蔡成勋故居

蔡成勋（1871～1946年），字虎臣。天津人。出身行伍。曾任绥远都统、陆军总长、江西督理兼省长等职。

蔡成勋故居坐落于英租界新加坡道（今和平区大理道1号），是当年蔡成勋的寓所和祠堂。该建筑是一座公馆式建筑，中西合璧建筑风格，被列为和平区文物保护单位。

5-13 蔡成勋故居

2. 陈光远故居

陈光远（1872～1939年），字秀峰，直隶武清（今属天津市）人。曾任江西督军。

陈光远故居位于今和平区大理道48号。是一所大门楼、高台阶、欧式现代风格建筑，被列为和平区文物保护单位。

5-14 陈光远故居

3. 李纯故居（李纯祠堂）

李纯（1874～1920年），字秀山。天津人。曾任江西都督、江苏督军等职。

李纯故居，也称李纯祠堂，亦谓"津门庄王府"，坐落在今南开区白堤路。该建筑原为北京西直门外原明代大宦官刘瑾府邸（后改为清朝庄亲王的府邸）。第十三代庄亲王溥绪因生活困难不得不将王府卖给了江苏督军李纯。

李纯买下拆卸后，运到天津重新组装而成，被列为天津市文物保护单位。

5-15 李纯故居

4. 李厚基故居

李厚基（1872～1941年），字培之。江苏铜山人。曾任福建督军。

李厚基故居坐落在今和平区赤峰道90号。是一所三层坡顶砖木结构的小洋楼，有一个半地下室。另有后楼，有外楼梯，与前楼相通。这所小楼是清末太监总管张兰德建造的，李厚基从他那里买到手，作为自己的宅邸，被列为和平区文物保护单位。

5-16 李厚基故居

5. 卢永祥故居

卢永祥（1867～1933年），字子嘉。山东济阳人。曾任浙江督军、直隶督办等职。

卢永祥故居位于今和平区赤峰道130号。该楼呈曲尺型布局，被列为和平区文物保护单位。

5-17 卢永祥故居

6. 陆洪涛故居

陆洪涛（1866～1927年），字仙槎。江苏铜山人。曾任甘肃督军兼省长等职。

陆洪涛故居位于今和平区建设路80号。该楼原为北洋政府财政总长张弧所买，不久卖给陆洪涛。该建筑为混合结构三层楼房，局部四层。前楼二层顶部有齿饰，窗套及窗间墙均设精美花饰；后楼设三层为双柱支撑的开敞通廊，具有折中主义建筑特征，被列为和平区文物保护单位。

5-18 陆洪涛故居

7. 孙传芳故居

孙传芳（1885～1935年），字馨远，山东历城人。直系军阀第三任首领。曾任福建督理、闽浙巡阅使兼浙江督办、浙闽苏皖赣五省联军总司令兼江苏总司令等职。

孙传芳故居在今和平区泰安道15号，1921—1922年建，是孙传芳在津几处住宅中最为豪华的一处。二层楼房，由主楼和配楼两部分组成，为折中主义建筑风格，被列为天津市文物保护单位。

5-19 孙传芳故居

8. 张勋故居

张勋（1854～1923年），字绍轩。江西奉新人。曾任江苏督军、安徽督军等职，以"张勋复辟"而闻名。

张勋故居在德租界6号路（今河西区浦口道6号），系购自清王室所建的一所西式洋楼，建于1899年，为德式建筑。主要建筑分东、西两楼。东楼为起居楼，西楼是会客楼，设走廊相连，被列为天津市文物保护单位。

5-20 张勋故居

（二）总长故居

1. 金邦平故居

金邦平（1882~？年），字伯平。安徽黟县人。曾任北洋政府农商总长。

金邦平故居坐落在今和平区重庆道114号。该建筑为砖木结构二层西式楼房，清水墙，二层中部设弧形阳台，顶部为多坡瓦顶，上设天窗，独自成院，被列为和平区文物保护单位。

5-21　金邦平故居

2. 吴毓麟故居

吴毓麟（1871~1944年），字秋舫。天津人。曾任北洋政府交通总长。

吴毓麟故居位于今河西区解放南路292号，建成于1931年，被列为天津市文物保护单位。

5-22　吴毓麟故居

3. 袁乃宽故居

袁乃宽（1868~？年），字绍明。河南项城人。袁世凯的族侄。曾任北洋政府农商总长等职。

袁乃宽故居坐落在今河北区海河东路39号。该楼建于1908年，具有尼德兰式建筑风格，被列为天津市文物保护单位。

5-23　袁乃宽故居

第三节 国民党政府统治时期军政人员故居

1. 关麟征故居

关麟征（1905～1980年），原名志道，字雨东。陕西户县人。曾任国民党第五十二军军长、第三十二军团军团长、第十五集团军总司令、陆军军官学校校长、国民党陆军总司令等职。

关麟征故居位于今和平区长沙路95号。此宅是一处英格兰庭院式建筑，被列为和平区文物保护单位。

年卖给汤玉麟。整体设计突出了意大利文艺复兴式建筑的特征和风貌，被列为天津市文物保护单位。

5-25 汤玉麟故居

5-24 关麟征故居

2. 汤玉麟故居

汤玉麟（1871～1937年），字阁臣，原籍山东掖县，生于奉天阜新。出身绿林。曾任热河都统、热河省政府主席等职。

汤玉麟故居在今河北区民主道38号。原为北洋政府交通总长吴毓麟于1922年所建，1930

3. 孙殿英故居

孙殿英（1889～1947年），名魁元，以字行。河南永城人。出身行伍。曾任国民党第六军团第十二军军长、冀察游击总司令、新五军军长、汪伪"豫北剿共军总司令"等职，因盗掘清东陵而闻名。

孙殿英故居坐落在今和平区睦南道20号。该建筑建于20世纪30年代，当年对外声称是他的驻津办事处，实际上是他在天津行销毒品、经营军火、贩卖假钞的据点，被列为天津市文物保护单位。

5-26　孙殿英故居

张作相故居坐落在今和平区重庆道4号。建于1913年。二层带阁楼、半地下室，被列为和平区文物保护单位。

5-27　张作相故居

4. 张作相故居

张作相（1881～1949年），字辅臣，一作辅忱。奉天义县人。出身绿林。曾任吉林督军兼省长、吉林省政府主席、东北边防军副司令长官等职。

第四节　爱国人士故居

1. 高树勋故居

高树勋（1898～1972年），字建侯。河北盐山人。曾任国民党第十一战区副司令长官兼新八军军长。1945年10月30日发动"邯郸起义"，反对内战，主张和平。起义后，该部改编为民主建国军，任总司令。中共中央曾开展"高树勋运动"。中华人民共和国成立后，当选为全国政协委员、国防委员会委员和河北省副省长。

高树勋故居坐落在今和平区睦南道141号，被列为和平区文物保护单位。

5-28　高树勋故居

2. 吉鸿昌故居

吉鸿昌（1895～1934年），字世五。河南扶沟人。中共秘密党员。曾任国民党第十军军长、宁夏省政府主席等职。

吉鸿昌故居坐落在今和平区花园路4号，是一座带庭院的三层英式小洋楼，又名红楼。该楼初建于1917年，由比商仪品公司工程师沙得利设计。吉鸿昌于1930年买下这座楼房，第二年全家迁入。被列为天津市文物保护单位。

5-29 吉鸿昌故居

3. 霍元甲故居

霍元甲（1869～1909年），天津人，著名武术家。曾创办精武体育会。

霍元甲故居坐落在今西青区小南河村。故居建于清同治初年，被列为天津市文物保护单位。

4. 曾延毅故居

曾延毅（1892～？年），字仲宣。湖北黄冈人。曾任天津特别市公安局局长、绥远省军事处处长、第三十五军副军长、山西隰州警备司令等职。

曾延毅故居位于今和平区常德道1号，为欧洲中世纪风格三层小楼，被列为和平区文物保护单位。

5-31 曾延毅故居

5-30 霍元甲故居

5．张学良故居

张学良（1901～2001年），字汉卿。奉天海城人，奉系军阀首领张作霖长子。国民党著名爱国将领。曾任东北边防军司令长官、中华民国陆海空军副司令等职。

张学良故居坐落于法租界32号路（今和平区赤峰道78号），是一所西洋集仿式楼房。张氏在二三十年代来津常住此处，被列为天津市文物保护单位。

5-32　张学良故居

6．张学铭故居

张学铭（1908～1983年），字西卿。奉天海城人。张学良之二弟。曾任天津市公安局局长、天津市市长兼公安局局长等职。中华人民共和国成立后，任天津市人民公园主任、市政工程局副局长等职。

张学铭故居坐落于英租界香港道（今和平区睦南道50号），建于1925年，1931年张学铭以大福堂名义购自郑织之房产。主楼为一幢二层带顶子间的西式楼房，楼后为辅助用房，被列为天津市文物保护单位。

5-33　张学铭故居

7．张自忠故居

张自忠（1891～1940年），字荩臣。山东临清人。国民党著名爱国将领。曾任国民党第二十九军三十八师师长、五十九军军长、二十七军团军团长、三十三集团军总司令兼第五战区右翼兵团长、察哈尔省政府主席、天津市市长、冀察政务委员会代理委员长兼北平市市长等职。

张自忠故居坐落在今和平区成都道60号。张氏在任天津市市长期间，于1936年8月以庆安堂名义购得英租界伦敦道（今和平区成都道60号）厚德堂川记空地一块，建成楼房一所。主楼三层，后楼二层，被列为和平区文物保护单位。

5-34　张自忠故居

第五节 工商界人士故居

1. 范竹斋故居

范竹斋（1869～1949年），名安荣，以字行。天津人。曾任北洋纱厂经理、大合工厂董事长等职。

范竹斋故居坐落在今和平区赤峰道76号，是一座通道式楼房，被列为和平区文物保护单位。

5-36 李吉甫故居

5-35 范竹斋故居

2. 李吉甫故居

李吉甫（？～1927年），天津人。曾任天津英商仁记洋行买办。

李吉甫故居在今和平区花园路12号，主楼建于1918年，二层带地下室，是一座仿英庭院式楼群，被列为天津市文物保护单位。

3. 李勉之故居

李勉之（1898～1976年），字宝时。天津人。曾任启新洋灰公司董事、中天电机厂董事长等职。中华人民共和国成立后，曾任天津市电机工业公司经理、天津市工商联常委、天津市政协常委等职。

李勉之故居坐落在今和平区睦南道94号，建于1937年，系奥地利设计师盖苓设计并督建的四栋具有欧式古典风格的花园别墅，由李勉之、李允之、李进之、李慎之兄妹四人居住。每栋别墅为地下一层、地上三层，被列为和平区文物保护单位。

5-37　李勉之故居

4.　李叔福故居

李叔福（生卒年不详），为天津新"八大家"之一"李善人"（李春城）的后代，是北洋政府大总统曹锟的侄女婿、直隶省长曹锐的女婿，投机商人。

李叔福故居位于今和平区睦南道28—30号，是李叔福于1937年建造的私人住宅，被列为天津市文物保护单位。

5-38　李叔福故居

5.　宋棐卿故居

宋棐卿（1898～1956年），名显忱。山东益都（今青州）人。20世纪30～40年代天津著名的企业家，创办东亚毛呢纺织股份有限公司，生产的"抵羊牌"毛线，因物美价廉而畅销全国。

宋棐卿故居位于今和平区马场道116号。始建于1937年，是一所欧式二层小洋楼，被列为和平区文物保护单位。

5-39　宋棐卿故居

6.　孙季鲁故居

孙季鲁（生卒年不详），曾任天津裕蓟盐务公司经理。

孙季鲁故居坐落于今和平区郑州道20号。建于1939年，由雍惠民设计、监造，被列为和平区文物保护单位。

5-40 孙季鲁故居

7. 孙震方故居

孙震方（生卒年不详），字养儒。安徽寿州人。其父是清末民初新兴民族资产阶级孙氏家族财团的创业人孙多森。其父死后他继任通惠公司总经理，因不善经营而让位于其叔孙多钰。

孙震方故居坐落在今和平区大理道66号。该楼为孙震方出资兴建的豪华住宅，是一座欧式庭院式高级别墅。新中国成立后，该楼为和平宾馆，毛泽东主席、周恩来总理等国家领导人来津视察时均下榻于此，被列为天津市文物保护单位。

5-41 孙震方故居

8. 吴颂平故居

吴颂平（生卒年不详），安徽婺源人，为天津早期四大买办之一吴调卿之长子。曾任天津地方自治协会常务监事、兴中会天津分会指导员等职。

吴颂平故居坐落在今和平区昆明路117号。始建于1934年，由吴颂平本人自行设计、自行监工建造，是当年英租界内一座高级花园别墅，被列为天津市文物保护单位。

5-42 吴颂平故居

9. 章瑞庭故居

章瑞庭（1878～1944年）。天津人。天津著名实业家。曾开办恒源帆布厂、恒源纺织股份有限公司、北洋纱厂等。

章瑞庭故居位于今和平区花园路9号。建于1922年，为局部三层带地下室混合结构的北欧特色建筑，是一座高级花园住宅，被列为天津市文物保护单位。

5-43　章瑞庭故居

10. 庄乐峰故居

庄乐峰（1873～1949年），名仁松，以字行。江苏丹阳人。曾任山东枣庄中兴煤矿董事、天津英租界华人纳税会董事长、天津耀华中学董事等职。

庄乐峰故居位于今和平区花园路10号，建于1926年。主楼有四层，为德国庭院式建筑，被列为天津市文物保护单位。

5-44　庄乐峰故居

第六节　文化人士故居

1. 李叔同故居

李叔同（1880～1942年），原名文涛，又名成蹊、岸，别号息霜，法号弘一。天津人。有南山律宗大师之称。

李叔同故居位于今河北区粮店街62号。李叔同在1912年去上海之前，大部分时间是在这座宅院里度过的，被列为天津市文物保护单位。

5-45　李叔同故居

2. 梁启超故居

梁启超（1873～1929年），字卓如，号任公，别号饮冰室主人。广东新会人。著名政治活动家、启蒙思想家、资产阶级宣传家、教育家、史学家和文学家，戊戌变法领袖之一。曾任北洋政府司法总长、财政总长兼盐务总署督办等职。

梁启超故居和饮冰室书斋位于意租界横二马路19号和21号（今河北区民族路44号和46号），为意大利建筑风格的小洋楼。梁启超在此处撰写了众多的文章，如直刺袁世凯称帝的檄文《异哉所谓国体问题者》就是他在饮冰室书斋中写成的。被列为全国重点文物保护单位。

5-46 梁启超故居

3. 徐世章故居

徐世章（1886～1954年），字瑞甫，号濠园。天津人。北洋政府大总统徐世昌之堂弟。著名文物收藏家。曾任北洋政府交通部次长。

徐世章故居位于今和平区睦南道126号。为三层摩登式建筑，地震后削为二层，被列为和平区文物保护单位。

5-47 徐世章故居

4. 严修故居

严修（1860～1929年），字范孙，号梦扶。天津人。进士出身。著名教育家、诗人和书法家，曾任翰林院编修、贵州学政、学部侍郎等职。

严修故居坐落在今和平区重庆道144号。民国以后，严修迁居此地，被列为和平区文物保护单位。

5-48 严修故居

5. 周叔弢故居

周叔弢（1891~1984年），名暹，以字行。安徽至德人。周馥之孙、周学熙之侄。著名文物收藏家。曾任唐山华新纱厂董事兼经理、天津华新纱厂经理、启新洋灰公司总经理等职。中华人民共和国成立后，任天津市副市长、全国工商联副主任委员、全国政协副主席等职。

周叔弢故居坐落在今和平区睦南道129号。从1954年起，周叔弢先生一直在此居住。为二层别墅式楼房，被列为和平区文物保护单位。

5-49　周叔弢故居

第七节　外籍人士故居

1. 德璀琳故居

古斯塔·冯·德璀琳（Detring Gustav von，1842~1913年），英籍德国人。光绪三年（1877年）任津海关税务司（即天津海关关长），此后22年一直把持天津海关。

德璀琳故居坐落在英租界领事道（今和平区大同道）南侧，正门开在维多利亚道（今和平区解放北路）。该建筑今已不存。

5-50　德璀琳故居

2. 纳森故居

纳森（1889~？年），原名爱德华·乔纳，英籍犹太人。1928年后，任开滦矿务局副总经理、总经理。1935年奉调回国。

纳森故居坐落在今和平区泰安道7号，为英国乡村别墅风格的花园住宅，被列为天津市文物保护单位。

5-51　纳森故居

第八节　其他人士故居

石元仕故居（石家大院）

　　石元仕（1849～1919年），字次青。天津人。天津"八大家"之一杨柳青石家后裔。曾任清末新政时期天津县议会副议长。

　　石元仕故居是天津地区迄今保存最好、规模最大的晚清民宅建筑群，被列为全国重点文物保护单位。

5-52　石元仕故居（石家大院）

第六章 ○ 文化篇

影存
故遺

限于篇幅，本篇仅涉及文学、新闻、出版、广播、体育、图书馆、博物馆等内容。

第一节　文学

明代天津设卫后，由于社会经济的发展，居民不断增加，一批文人墨客也随之寓居津门。他们在天津先后创作出多部较有影响的作品，如张愚所撰《蕴古书屋诗文集》，汪应蛟所撰《学诗略》等皆为其中代表。

清顺治元年至咸丰十年（1644～1860年），天津的文学创作又迈上了一个新台阶。毗邻京师的独特地理位置，城市经济、教育的不断发展，这些都使得天津越来越受到文人士夫的瞩目。同时，天津本地张霖、查日乾、李承鸿等一批财力雄厚的盐商，大起园林楼阁，不遗余力地延揽四方知名之士，在园中诗酒流连，进行各种文化创作。当时许多著名文人学者，如厉鹗、杭世骏、万光泰、汪沆等，皆相继寓居津门，这对提高天津文学的创作水平具有重要意义。与此同时，天津本地也诞育了不少知名文人，如华鼎元、王又朴、佟蔗村、查为仁、金玉冈等皆是其中佼佼者。他们的作品，如华鼎元的《津门征献诗》、王又朴的《易翼述信》、查为仁的《绝妙好词笺》、金玉冈的《黄竹山房诗钞》等皆在当时产生了不小影响。

天津开埠后，随着西方列强的不断侵略，民族危机的加深，天津涌现出许多具有爱国主义思想、忧国忧民的诗人，创作了一批具有现实意义的诗作，其代表人物有梅成栋（有《欲起竹间楼存稿》和《津门诗钞》等传世）、华长卿（有《讆言集》和《梅庄诗钞》等传世）、杨光仪（有《碧浪玕馆诗钞》和《津门续诗钞》等传世）等。

清末民初，天津著名的诗人主要有严修（有《严范孙先生古今体诗存稿》传世）、王守恂（有《王仁安集》和《天津政俗沿革记》等传世）。

民国成立后，特别是20世纪30年代，北派通俗小说在天津盛极一时，其主要代表作品有董濯缨的《新新外史》、凫公的《人海微澜》、董荫狐的《换形奇谈》、赵焕亭的《奇侠精忠传》、戴愚庵的《沽上英雄谱》等，其他如刘云若、还珠楼主、宫白羽、郑证因、朱贞木、王度庐等，同为此类文学的代表人物。

天津沦陷后，日本军国主义为摧残天津人民的抗日意志，组织一批所谓"作家"撰写淫秽、黄色小说，遭到广大具有爱国心和正义感的天津人民的抵制，影响极小。

抗战胜利后，国民党实行"劫收"，天津

人民深受其苦。为压制民主，国民党政府实行极为严格的报刊管理制度。因此，许多作家纷纷改行，文学创作乏善可陈。

第二节　新闻

1860年天津开埠后，外国租界的设立，近代西方文化的传入，铁路、电报等的铺设，促生了报纸在天津的出现发展。天津也因此成为中国最早创办新闻报纸的城市之一。

清光绪十二年十月十一日（1886年11月6日），英籍德国人德璀林创办天津第一份近代意义的中文报纸——《时报》，自此至1949年1月解放，天津共诞生了近300种报纸、刊物和画报，其中具有代表性的有《时报》、《京津泰晤士报》、《直报》、《国闻报》、《国闻汇编》、《大公报》、《醒俗画报》、《益世报》、《庸报》、《北洋画报》、《民国日报》、《新生晚报》等。中国共产党也相继在津创办了《好报》、《实话报》以及《出路》、《火线》、《长城》、《真理》、《北方红旗》、《天津文化》、《天津妇女》、《风雨同舟》、《新闻报》、《时代周刊》、《解放》、《中山》、《大华报周刊》等刊物，对人民群众进行进步宣传并传播中国共产党的革命主张。

天津早期各报外勤记者的采访对象较单调，不外乎警察厅、检查厅和审判厅等几处。1928年6月天津成为特别市后，各种业务分属各局，采访头绪纷杂，大报跑不过来，小报无力采访，新闻通讯社因此应运而生。

当时，天津规模最大的新闻通讯社是国民党中央宣传部所属的中央通讯社天津分社。此外，还有国风通讯社、中华通讯社、平民通讯社、远东通讯社、华北通讯社、经济通讯社、多闻通讯社、正中通讯社、中华通讯社、新大华通讯社等30多家民办通讯社。

1937年天津沦陷后，天津新闻出版事业遭受重大打击。在日寇的封锁打压下，各家报刊相继停办，至1944年秋，唯有为日军效命的《华北新报》继续出版。各通讯社也大多停办，远东通讯社、多闻通讯社、正中通讯社等几家勉强支撑一段时间后也最终难以为继。

抗日战争胜利后，各种报刊纷纷创刊或复刊，《大公报》、《益世报》、《民生导报》、《新星报》、《新生晚报》成为那一时期天津几类主要报刊。以中央通讯社天津分社、新大华通讯社为代表的一些通讯社也恢复了活动。此外，一些新通讯社在天津成立，主要有华北通讯社、经济通讯社等。

第三节 出版

自设卫筑城后，随着寓居津门的文人墨客的增多，私人刻书在天津蔚然成风，刘焘著《淮川余稿》、汪来著《北地纪》、王绍庆著《嘉言编》、万世德著《海防奏议》等书相继版行于世。可以说，明末清初之际，天津早期出版事业已粗具规模。

天津开埠后，洋务派官僚崇厚、李鸿章、袁世凯等人先后在天津兴办了一系列洋务学堂和洋务实业。出于教学和制造之需，一些学堂利用进口的铅字印刷机出版了一批图书，如严复编辑的《英文汉诂》、天津机器局翻译的《克鹿卜（克虏伯）小炮简本操法》和《机锅用法》等。

然而，天津近代出版事业因缺乏资金，始终不能像上海那样形成具有实力的专业出版机构。天津的图书出版，大多是由报馆、书店等兼办。如创办于光绪二十八年十二月（1902年12月）的北洋官报局就曾出版过《直隶工艺志初编》、《万国公法提要》等；民兴报馆出版过刘孟扬著的《天津拳匪变乱记》等。值得一提的是，宣统三年（1911年）天津出版的《维新人物考》一书中，介绍了"马格斯"（马克思），这是迄今为止发现的天津最早传播马克思学说的著作。

中华民国成立后，特别是新文化运动兴起之后，出版阵地为新文化所占领。一些寓居天津的下野官僚和封建文人，以保存"国粹"为名，校勘出版了一批古籍，其中具有传世价值的有徐世昌编著的《晚晴簃诗汇》、《大清畿辅先哲传》、《清儒学案》；卢靖编著的《慎始基斋丛书》、《湖北先正遗书》；金钺编著的《天津文钞》、《天津诗人十二种》等。这些书的版行，或许表现了编著者对"新文化"的默然抵制，但在保存古代文化遗产上确是颇有贡献的。

20世纪30年代，天津出版事业达到前所未有的繁荣。当时，从事出版工作的主要有书店、报馆和高等院校三大系统，出版了一大批图书。

1929年初，中共中央决定将设在上海的秘密印刷厂迁至天津，对外称华新印刷公司。该印刷厂除印制党的文件和出版党内刊物外，还翻印了众多革命理论书籍，如《共产主义运动中的"左派"幼稚病》、《社会民主党在民主革命中的两种策略》、《共产主义ABC》等。

天津沦陷后，为摧残天津人民的抗日情绪，日本占领当局在封锁出版业的同时，授意一些黄色文人创作出版了一批淫秽书籍，天津的出版事业陷于凋敝状况。

抗战胜利后，国民党政府忙于内战，无暇顾及出版事业，充斥图书市场的，仍然是沦陷时期畸形发展起来的庸俗低劣的消闲性读物。

第四节 广播

1925年，日商义昌洋行在天津设立了广播电台，节目为推销该行经营的无线电器材。此为天津出现的第一家广播电台。该台于1927年停播。

1927年5月1日，天津广播电台成立，5月15日正式播音。节目主要有戏曲、曲艺、音乐、新闻、商情和各种广告。

1932年，仁昌绸缎庄经理王铭孙创办了"仁昌广播电台"。这是天津第一家商业广播电台，节目以曲艺为主。此外，基督教青年会广播电台、中华广播电台、东方广播电台等也相继设立。天津沦陷后，除已投靠日军的天津广播电台还在广播外，其余则一概停播。1945年10月，国民党政府接管了天津广播电台。不久，又增加了第二、三、四台。

从1946年开始，天津出现了开办商业广播电台的高潮，中国广播电台、华声广播电台、中行广播电台、友声广播电台、世界新闻广播电台、宇宙广播电台、青联广播电台、天声广播电台等相继成立。然而，这些电台大多有着军统、保密局、三青团等背景，与国民党反动统治有着千丝万缕的联系。因此，天津解放后，除被接管的天津广播电台外，其他广播电台停播。

第五节 体育

19世纪60年代以后，赛马、击剑、篮球、足球、网球、乒乓球、台球、保龄球、棒球、垒球、羽毛球、赛艇、田径等一批近代运动项目传入中国，并首先落户天津。

光绪三十三年九月十八日（1907年10月24日），近代教育家、时任南开中学校长的张伯苓提出中国应立即成立奥林匹克代表队，他因此成为明确提出中国要参加奥运会的第一个中国人。光绪三十四年七月（1908年8月），他观看了伦敦奥运会，成为到现场观摩奥运会的第一个中国人。

1922年，应张伯苓之邀，董守义担任南开中学体育教员，教授篮球、田径等运动。1930年，他训练的"南开五虎"男子篮球队代表天津一举夺得第四届全国运动会的冠军，并四次蝉联。不仅如此，董守义还撰写了专著——《篮球》（后更名为《篮球术》）。该书成为我国第一部关于篮球运动正规化、科学化的经典著作。

1934年5月，在远东运动会上，天津选手吴必显夺得第四名，他成为中国在国际赛事上第一位获奖的运动员。他所创造的1.87米的男子跳高全国纪录一直保持了18年之久。

1945年，董守义任国民体育委员会常委后，草拟的《请求第15届奥运会在中国举行案》，在中华全国体育协进会第二届监理事会议上获得通过，这是中国人第一次提出申办奥运会。

20世纪30年代后，天津游泳成绩一直处于全国领先地位。1941年，天津游泳名将穆成宽打破由马来西亚华侨杨维谋保持的400米自由泳的全国纪录。同年，穆成宽等人组建了天津历史上第一支游泳队——鲲队。抗战期间，鲲队除参加天津市各项游泳比赛外，还参加过津、京两地对抗赛，并包揽了各项冠军。

第六节　图书馆

一、公共图书馆

天津第一座公共图书馆是英租界工部局于光绪十五年（1889年）建立的"天津英租界工部局书局"。天津第一座由中国政府兴办的公共图书馆是光绪三十四年五月十一日（1908年6月9日）正式对外开放的"直隶图书馆"。从光绪十五年（1889年）至1949年1月解放前，天津出现的公共图书馆先后有：天津英租界工部局书局、天津日本图书馆（创办于1905年）、直隶图书馆（创办于1908年）、天津社会教育办事处儿童图书馆（创办于1917年）、马氏通讯图书馆（创办于1922年）、工人图书馆（创办于1923年）、天津特别市市立第一通俗图书馆（创办于1929年）、天津特别市市立第二通俗图书馆（创办于1929年）、天津特别市市立第三通俗图书馆（创办于1929年）、天津特别市市立第四通俗图书馆（创办于1929年）、天津特别市市立第五通俗图书馆（创办于1929年）、天津特别市市立第六通俗图书馆（创办于1929年）、天津特别市市立第七通俗图书馆（创办于1930年）、宝坻县通俗图书馆（创办于1930年）、天津市立图书馆（创办于1931年）、蓟县图书馆（创办于1931年）、武清县图书馆（创办于1933年）、天津特别市市立通俗图书馆附属第一儿童图书馆（创办于1936年）、天津特别市市立通俗图书馆附属第二儿童图书馆（创办于1936年）、天津特别市市立通俗图书馆附属第三儿童图书馆（创办于1936年）、天津日本儿童图书馆（创办于1943年）、天津图书馆（创办于1948年）等，共计22座。

二、高等院校图书馆

1．北洋大学图书馆

创建于光绪二十一年（1895年）。抗战爆发后，北洋大学成为日本侵略军兵营，该图书馆因而损失大批图书。抗战胜利后，北洋大学图书馆得到重建。天津解放前夕，在中共地下组织领导的护校运动中，图书得以保存完整。

2．南开大学图书馆

创建于1919年，最初设在由苏皖赣巡阅使兼江苏督军李纯捐赠的秀山堂，后迁至思源堂。1927年，清末曾任直隶提学使的卢靖（字木斋）捐资兴建南开大学图书馆，该馆被命名为"木斋图书馆"。抗日战争爆发后，"木斋图书馆"被日军炸毁，馆藏图书、资料大部分毁于炮火或遭日军劫掠。此后，南开大学与清华大学、北平大学共组西南联合大学，同时建立西南联合大学图书馆。抗战胜利后，南开大学返津复校，重建图书馆。天津解放前夕，在中共地下组织领导的护校运动中，馆藏图书得以保存完整。

3．天津工商学院图书馆

创建于1927年。该学院为法国天主教会所办，所藏图书主要服务于教学和天主教传教。

三、中学图书馆

为帮助教学，许多中学在建校之初即建立了图书馆，著名的有南开中学、耀华中学、汇文中学、扶轮中学等校图书馆。

第七节　博物馆

天津的博物馆事业发轫于光绪三十年（1904年），至1949年1月解放前，天津先后成立华北博物院（创办于1904年）、北疆博物院（创办于1914年）、天津博物院（创办于1918年）、天津广智馆（创办于1925年）、天津美术馆（创办于1930年）和天津日本教育博物馆（创办于1942年）等6座博物馆。

6-1 水西庄

1. 水西庄

水西庄,位于今红桥区芥园道一带,原是天津芦盐巨商查日乾与其子查为仁营建的园林别墅,兴盛于清乾隆时期。该园水木清丽,风景幽雅,有枕溪廊、数帆台、藕香榭、览翠轩、花影庵、泊月舫、碧海浮螺亭等胜迹,是文人雅士吟诗酬唱的佳境。由于园主人爱养名士,交接名流,水西庄曾人文荟萃,盛极一时。清人袁枚在《随园诗话》中,将天津水西庄、扬州小玲珑山馆、杭州小山堂并称为清代三大私家园林。乾隆皇帝曾先后四次下榻于水西庄,并赐名"芥园"。道光以后该园逐渐衰败,庚子之后被战火所毁,昔日楼台亭榭已荡然无存,遗物只有今和平区建设路天津自来水公司门前的一对石狮子了。

2. 查日乾

查日乾(1667～1741年),字天行,又字惕人。原籍浙江海宁。明朝以后迁居顺天府宛平县(今属北京)。少孤,随母寄居江南姐家。及长,迁于天津。初家贫,后以行盐致富,并建造了私家园林水西庄。

6-2 查日乾

3. 《津门诗钞》

《津门诗钞》系天津诗人梅成栋(1776～1844年,字树君,号吟斋)所编。内收明朝以来216人吟诵津门风物诗篇。刻书三十卷,道光二十四年(1844年)出版。

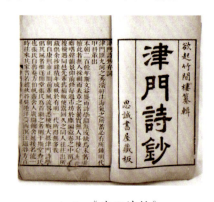

6-3 《津门诗钞》

4．天津城南诗社

1921年由严修发起并主持，先后入社的文人雅士达一百余人。

6-4　天津城南诗社

5．天津"海风社"

成立于1936年，为进步文学团体。这是该社出版的文学刊物——《海风》。

6-5　《海风》

6．黄白莹

黄白莹（1917～1941年），原名黄冠义，笔名白莹、欧阳丽娜。著名革命诗人。原籍广东南海，生于天津。在"一二·九"抗日救国斗争中，黄白莹逐步受到了锻炼，写出了不少

6-6　黄白莹

鼓动抗日救国的战斗诗篇。1936年6月，他参加了天津"左翼作家联盟"领导的"天津海风社"，后来还担任《诗歌小品》月刊（1936年10月10日创刊）的散文编辑。该刊于1937年改为《海风》月刊。他在地下党组织的领导下，以诗歌为武器，讴歌劳苦大众，揭露黑暗统治，为抗战擂鼓呐喊。黄白莹与简凌出版的诗歌选集《海河夜之歌》中，有许多描述天津劳动人民的诗作，如《出力者之群》、《啊好壮的手》、《船家女》、《卖唱女》、《换破烂的女人》等。

7．李霁野

李霁野（1904～1997年），安徽霍邱人。著名翻译家。1924年翻译第一部文学作品《往星中》（俄国作家安德列夫的作品），由鲁迅创办的未名社出版，并从此结识了鲁迅先生，成为未名社的一员。在长达半个多世纪的翻译生涯中，首先翻译的是大量的俄苏文学名著，如安德列夫的《黑假面人》（1926年），特洛茨基的《文学与革命》（1928年），陀思妥耶夫斯基的《被侮辱与被损害的》（1934年），阿克萨科夫的《我的家庭》（1936年），《卫国英雄故事集》（1944年）等。后来又翻译了许多英美文学名著，最著名的当推英国作家夏

绿蒂·勃朗特的《简·爱》（1934年），一出版就受到广大读者的欢迎，1935年被列入《世界文库》。

6-7 李霁野

6-8 宫白羽

8. 宫白羽

宫白羽（1899～1966年），名万选，字竹心。山东东阿人。著名通俗小说家，与还珠楼主（原名李善基、更名李寿民、天津解放后改为李红）、郑证因、朱贞木、王度庐共称民国武侠小说"北派五大家"。著有《十二金钱镖》、《大泽龙蛇传》、《摩云手》、《联镖记》等书。

9. 《时报》

光绪十二年十月十一日（1886年11月6日），由津海关税务司、英籍德国人德璀琳与英商怡和洋行总理、英国人笳理共同在天津创办，分中、英两版。为天津第一份近代报纸。

该报中文版所设栏目主要有"谕旨"、"抄报"、"论说"、"京津新闻"、"外省新闻"、"外国新闻"等。这种编排方式为以后各报所沿袭，经过较长的时间后才改变。

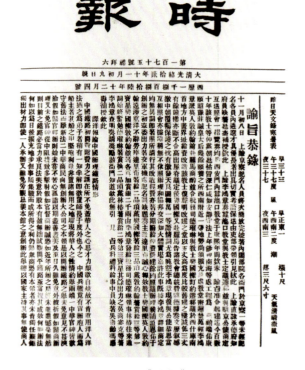

6-9 《时报》

10. 《京津泰晤士报》

光绪二十年（1894年）由英商天津印字馆创办。初为周报，后改日报，是一份典型的英式报纸。该报版式呆板，标题只有几个字，无法概括内容。该报言论完全代表英国利益，不受中国人欢迎。

"七七事变"后，该报谨慎地刊发英国路透社报道的战事和国际新闻，住在租界内通晓英文的中国人通过该报能够得知一些抗日战争的实际情况。太平洋战争爆发后，日军占领天津英租界，该报停刊。

6-10 《京津泰晤士报》

11. 《国闻报》

光绪二十三年十月初一（1897年10月26日），由严复、夏曾佑、王修植、杭慎修等人发起创办，是天津第一份由中国人创办的近代中文报纸。该报提出要"通上下之情"（即宣传民主）和"通中外之故"（即提倡西学）。该报社论大部分出自严复之手。

同年十一月十五日（12月8日），该报出版旬刊——《国闻汇编》。从同月二十五日（12月18日）第二期起，该刊在第二、四、五、六期连续发表严复的第一篇译作——英国生物学家赫胥黎所著《天演论》。光绪二十四年（1898年）出单行本时，严复附加28条按语，发挥自己的见解，提出"物竞天择、适者生存"的主张，意图唤醒国人。该单行本风靡全国，起到石破天惊、振聋发聩的巨大作用，亦使天津成为维新思潮在北方的重要发源地。

6-11 《国闻报》

12. 《北洋官报》

光绪二十八年（1902年），直隶总督兼北洋大臣袁世凯创设北洋官报局，委任天津道周学熙为总办，创办《北洋官报》。该报内容以政府公报为主，同时亦较为系统地介绍外国社会情况。凭借官方传播渠道，起到了"开风气之先"的作用。

该报由天津邮政总局承办发行，各通商口岸以及轮船、铁路通达的40多个城市均有代销处，该报实际上相当于中央政府公报，向全国发行。

该报最初为二日刊，从光绪三十年正月初一（1904年2月16日）开始改为日报。

6-13 《大公报》

14. 《中国评论报》

该报创刊于光绪三十年（1904年），为英文晚报。

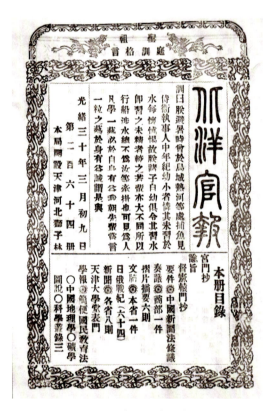

6-12 《北洋官报》

13. 《大公报》

光绪二十八年五月十二日（1902年6月17日），英敛之创办。创刊不久即成为华北地区最有影响的报纸，并先后开办有上海版、汉口版、香港版、重庆版、桂林版等，最终成为一份具有重大影响的全国性报纸。

6-14 《中国评论报》

15.《醒俗画报》

创办于光绪三十三年二月十日（1907年3月23日），创办人温子荣、吴芷洲，主编陆莘农。初为旬刊，后改为五日刊、三日刊。该刊采用一事一画的形式针砭时弊，因此受到广大群众的好评，远销东北、华北、华东等地。该刊后更名为《醒华画报》。

6-15　《醒俗画报》

16.《庸言》

1912年12月1日，由梁启超创办。该报是代表进步党政见的综合性刊物。

6-16　《庸言》

17.《言治》

1913年创刊，为北洋法政学会会刊，李大钊曾任编辑部部长。

6-17　《言治》

18.《益世报》

1915年10月10日，由比利时籍的天主教传教士雷鸣远（Fredric Lebbe）创办。该报创刊后不久，其影响力仅次于《大公报》而成为天津的第二大报。

6-18　益世报馆遗址

19. 《华北明星报》

该报创刊于1918年，创办人为美国人福克斯。

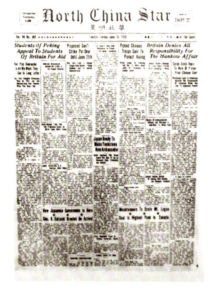

6-19 《华北明星报》

20. 《国闻周报》

1924年8月，由胡政之创刊于北京。1926年9月，移至天津出版，并成为《大公报》的附属刊物。

该刊以报道和评论国际、国内世事为主，也发表学术论文和文艺作品，内容丰富，论述中的，因而畅销全国，影响较大。

6-20 《国闻周报》

21. 《庸报》

1925年3月1日，由董显光创办。经过多年努力，该报成为天津的第三大报。

1935年，该报被日本特务机关收买，成为日本特务机关的机关报。

6-21 庸报报馆遗址

22. 《北洋画报》

冯武越创刊于1926年，为三日刊。该报曾接受奉系军阀的资助，因印刷比较精美，逐渐成为影响较大的画报。

6-22　《北洋画报》

23.《机锅用法》

　　光绪十一年（1885年），由天津机器局印刷。

6-24　天津商务印书馆

25. 天津中华书局

　　1912年开业，地址在北马路。为中华书局派驻天津的分支机构。

6-23　《机锅用法》

24. 天津商务印书馆

　　光绪三十二年（1906年）开业，地址在今红桥区东北角大胡同地区。为商务印书馆派驻天津的分支机构。

6-25　天津中华书局

26. 天津广播电台

1927年5月1日成立，5月15日正式播音。节目主要有戏曲、曲艺、音乐、新闻、商情和各种广告。

6-26 第一次播音时全体工作人员

27. 英商赛马场

英租界开辟不久，英国人就将本国盛行的赛马运动带入天津。同治三年（1863年），在海光寺附近举行了第一次赛马会，并建立了常设机构，每年春、秋两季都举办赛马活动。从此，"赌马"风靡天津全城，逐渐使天津成了名副其实的"东方赌城"。

光绪十二年（1886年），津海关税务司英籍德国人德璀琳，在佟楼以南养牲园附近约二百亩的土地上建起了赛马场，不久又废弃。光绪二十七年（1901年）重新开始修建，1925年全部建成，命名为天津英商赛马会，成为远东地区最大的跑马场。

6-27 英商赛马场

28. 英国球房

英国球房初建于咸丰十年（1860年），也叫英国俱乐部，附设兰心戏院，系英租界侨民集资修建，是当时天津租界社会的艺术中心。光绪三十年（1904年）重建，位于今和平区解放北路201号（即市人大常委会所在地），设有4道保龄球馆、高档台球厅、网球厅、乒乓球厅等，但只对本国人开放。

6-28 英国球房

29. 法国球房

法国球房亦称法国俱乐部、法国总会、法国击剑俱乐部，初建于19世纪90年代。宣统三年（1911年）易址于今和平区解放北路29号（即天津市青年宫），1931年由法国公议局出资兴建新的俱乐部。该俱乐部内设击剑厅、台球厅、保龄球厅等。

6-29　法国球房

30. 德国球房

　　德国球房亦称德国俱乐部、德国总会，位于德租界威廉路（今河西区解放南路339号，市政协俱乐部），光绪三十一年四月（1905年5月）动工，光绪三十三年六月（1907年7月）竣工。德国球房内设台球厅和乒乓球室等设施。

6-30　德国球房

31. 意大利回力球场

　　回力球原本是西班牙北部山区的一种游戏，传到美洲和东南亚后演化成一项兼有竞猜性质的比赛。1931年，意大利驻华公使齐亚诺来到天津，借鉴上海的成功经验，在意租界意国花园（今河北区民族路与自由道交口）划出6亩多地，筹集股本100万元，兴建了回力球场。回力球场于1935年开业后，迅速成为一个大赌场。

6-31　意大利回力球场

32. 英商乡谊俱乐部

　　英国乡谊俱乐部建于1925年，位于今河西区马场道188号（即天津市干部俱乐部所在地）。曾设有高尔夫球场。

6-32　英商乡谊俱乐部

33. 民园国际运动场

　　建成于1926年，1934年改称为天津市第二体育场（今民园体育场）。

6-33 民国国际运动场

34. 天津河北体育场

建于1934年，即今北站体育场。

6-34 天津河北体育场

35. 霍元甲

6-35 霍元甲

霍元甲（1868～1910年），字俊卿。天津人。清末著名爱国武术家，精武体育会创始人。武艺高强，又执仗正义，先后在天津和上海打败西洋大力士，是一位家喻户晓的民族英雄。

36. 曹金藻

曹金藻（生卒年不详），回族，天津人。著名武术家，与霍元甲并称“回汉双侠”。曾在天津基督教青年会举办的一次国术比赛中夺魁，又在南京举行的全国武术大赛中夺得剑术、砘子两块金牌。在塘沽设擂台，打败“欧洲雄狮”拳王。为人行侠仗义，曾在穆家庄击毙一匪徒头目，为乡里除害。

6-36 曹金藻

37. “南开五虎”

“南开五虎”为天津南开学校男子篮球队的别称，因在1924年全国比赛中夺冠而得此名。之后，又多次取得好成绩，在中国篮坛享有盛名。

6-37 “南开五虎”

38．天津市第一届女子运动会

20世纪30年代，由天津体育协进会组织了天津市第一届女子运动会。

6-38　天津市第一届女子运动会

39．1947年举办的天津秋季运动会

1947年，天津举办了秋季运动会。

6-39　1947年举办的天津秋季运动会

40．直隶图书馆

光绪三十三年十月（1907年11月），署直隶提学使卢靖（字木斋）委派张秀儒、储毓轩负责筹建"直隶图书馆"工作。经过半年多的紧张筹备，于光绪三十四年五月十一日（1908年6月9日）正式对外开放。该馆位于今河北区中山路296号第二医院。该馆是我国长江以北最早建立的近代公共图书馆，后陆续更名为"天津直隶省图书馆"、"直隶省立第一图书馆"、"河北省立第一图书馆"、伪"天津特别市市立第二图书馆"、"河北省天津图书馆"等。

6-40　直隶图书馆

41．天津市第五通俗图书馆

1929年建成，馆址位于南马路旧县衙对面，租赁一座三楼民房，共有7大间房屋。当时，天津共建有7座通俗图书馆，各馆藏书以普通中文书刊为主，第五通俗图书馆还订有一两种西文报纸和20余种中文报刊。天津沦陷后，7座通俗图书馆纷纷闭馆。

6-41 天津市第五通俗图书馆

6-43 姚金绅

42. 天津市立图书馆

1931年5月20日，天津市立图书馆正式对外开放，馆址位于南开杨家花园。

6-42 天津市立图书馆

43. 姚金绅

姚金绅（生卒年不详），曾任全国省教育会联合会北京代表，1931年任天津市立图书馆馆长。

44. 华北博物院

华北博物院是由英国基督教伦敦海外布道会于光绪三十年（1904年）创办的，该博物院附设于新学书院之中，院址在法租界海大道（今大沽路原第十七中学）。

该博物院面积很小，只有楼上楼下四间展室，另有一间实习室。新学书院院长赫立德（S·L·Hart）在设计建筑北楼时，就将大礼堂的楼下划在博物院内，作为动物标本陈列室。该博物院标榜"化鄙陋为文明，起衰颓为强盛"，其藏品主要包括文物、南洋群岛和非洲土著居民使用的物品以及动植物标本、地质、土壤和矿产标本，另外还有海南岛上一些民族学资料。为增加效果，在展示这些标本时配以山岩草木装置在展室四周的大玻璃柜中。

华北博物院在清末民初天津的外国人中曾轰动一时，这与赫立德注入很大的精力分不开。由于华北博物院附设于教会学校新学书院之中，社会上的普通中国人无法自由地出入该校，因而导致参观该博物院的中国观众很少，社会影响也不很大。

6-44 陈列室

45. 北疆博物院

北疆博物院是由法国天主教耶稣会神父黎桑·埃米尔（汉名桑志华）创建的。黎桑·埃米尔（E·Licent·S·J，1876~1952年），法国人，动物学博士，曾作过清政府的农村咨议。

1914年3月25日，桑志华到达天津，准备对中国北方开始探察。耶稣会献县教区指定坐落于天津法租界内的圣路易斯路（今和平区营口道）18号的崇德堂为桑志华的活动基地，并作为他在天津筹办博物馆——黄河、白河自然历史博物馆——的筹备处之所。桑志华经过一番准备后，于同年7月开始了他在中国北方的考察工作。

桑志华于1919年、1922年、1925年先后在甘肃庆阳辛家沟、内蒙古自治区的萨拉乌苏河河谷、直隶省阳原泥河湾地区等地发现了大量上新世、第四纪中期和早更新世时期的动物化石，为建立北疆博物院提供了坚实的基础。

这时，法国教会拟在天津建立一所高等学府——工商学院，故建议桑志华将博物馆与工商学院建在一起。桑志华同意这种安排。

于是由献县教区耶稣会会长让·德布威（Jean Debeauvais）在紧靠英租界马场道的南侧划拨出一块空地（今马场道117号，即今天津外国语大学所在地），并由教会向各方募集资金使工商学院与北疆博物院同时兴建。

1922年建立了北疆博物院的第一座办公楼（即北楼），共三层。该楼包括三个实验室（可兼存标本），一间办公室，一小间暗室，两大间藏品库和一间备用库房。该楼建成后，北疆博物院宣告正式成立，以桑志华任院长。经过两年多的紧张筹备，终于在1928年正式对外开放。

该馆陈列厅中展品的标签均为法文，只是偶尔在标题上使用一下英文或中文，因而它的服务对象不是面向天津普通百姓的，而天津的普通百姓也很少有人知道在天津还有这么一座博物馆。但由于它的学术研究水平很高，又有一大批珍贵的标本，因此在国际学术界享有盛名，至今未衰。

由于藏品源源不断地增加，现有的建筑又显不足。为此，决定在办公楼的南面再建造一座新楼，专门作为藏品库房。1929年，该楼正式动工兴建。这座新楼为两层，在北楼与南楼之间的二楼位置以封闭的空中通道相连接。除库房外，图书室也设在这座楼内。该楼在1929年和1930年分两期进行施工。至此，北疆博物院的所有建筑物宣告建成完毕。

北疆博物院建成后，桑志华并未一味地留在馆里研究藏品，而是仍如以前一样，经常出外进行考察与发掘。其中最有名的一次发掘是1934年到1935年他在山西榆社地区发掘出大量的晚新生代哺乳动物化石，其中三趾马类、象类化石特别突出。这批化石后来全部运回到北疆博物院，使该馆的藏品更为丰富，种类也更加齐全。

6-45 北疆博物院

内，后更名为"河北第一博物院"、"河北博物院"、伪"天津特别市市立博物馆"、"河北省立天津博物院"等。

6-47 天津博物院

46. 德日进

6-46 德日进

德日进（Pierre Teilhard de Chardin，1882～1955年），法国著名古生物学家，曾任法国地质学会会长。1923年5月来到天津，曾参加北京周口店北京猿人的发掘和研究工作。

47. 天津博物院

天津博物院为天津人自办的第一座博物馆，创办人为著名教育家严修之子严智怡（时任直隶省实业厅厅长）。1918年6月1日，天津博物院正式成立。1923年2月25日，正式对外开放。

该馆位于今宁园以东的旧劝业道署西偏房

48. 严智怡

严智怡（1882～1935年），字慈约，后改持约。天津人。1909年毕业于日本东京高等工业学校。1912年任天津劝工陈列所所长，1913年将劝工陈列所改为直隶省商品陈列所，仍任所长。1917年至1922年，任直隶省实业厅厅长。1916年筹备天津博物院，1922年9月任院长。

6-48 严智怡

49．天津博物院开放典礼

1918年6月1日，天津博物院正式成立。同时，展览会开幕。当时因馆舍需要修葺，无法举办基本陈列，故暂时举办展览会以飨观众。直至1923年2月25日，天津博物院才正式对外开放。

6-49 天津博物院开放典礼

50．天津广智馆

天津广智馆是天津人自办的第二座博物馆。1914年，经直隶省民政长朱家宝倡议，成立了天津社会教育办事处。该机构类似于文化馆性质，主持人为天津著名绅士、清末廪生林墨青。

1921年，为了广泛宣传科学知识、增进民智，林墨青率领办事人员赴山东济南广智院考察参观学习。济南广智院对增进民智发挥了较大的作用。受其启发，林墨青与天津名流严修、张少元、赵元礼、韩补庵、陶孟和等人商议，决定仿照济南广智院在天津创建社会教育广智馆（因规模较小，故名之曰馆），馆址在天津社会教育办事处内（今红桥区大丰路西北角回民小学东侧）。

1925年1月，天津社会教育广智馆正式成立。1928年，更名为天津广智馆。

6-50 天津广智馆

51．林墨青

林墨青（1862~1933年），名兆翰，以字行，又字伯噩，晚年号更生。天津人。曾任直隶学务处参议、津郡学务总董、劝学所总董等职。1925年1月，任天津社会教育广智馆馆长。1928年，天津社会教育广智馆更名为天津广智馆后，仍任馆长。

6-51 林墨青

52．天津美术馆

天津美术馆是天津人自办的第三座博物馆，也是中国历史上第一座向公众开放的美术馆。

1929年，严修之子、著名画家严智开向时任天津特别市市长的崔廷献提出在天津创立美术馆的主张。崔廷献委派严智开任天津美术馆筹备主任。1929年12月，位于河北公园（今河北区中山公园）内的天津美术馆馆舍建设动工，1930年9月竣工。1930年10月1日，天津美术馆正式对外开放，严智开任馆长。

该馆除经常举办各种美术展览、收藏和进行艺术研究外，还举办多种美术培训班，培养美术人才。这是该馆外景。

6-52 天津美术馆

53. 严智开

严智开（1894～1942年），字季聪。天津人。先后就读于日本东京美术学校、法国巴黎美术学校和美国哥伦比亚大学，历任北京国立美术学校教务长、主任、教授等职。天津美术馆成立后任馆长。

6-53 严智开

54. 天津日本教育博物馆

1940年3月，为了向天津人民宣扬所谓的"中日亲善"、"王道乐土"，天津日本居留民团决定在日租界福岛街十八号（原址在今和平区多伦道"八一礼堂"附近，今不存）建立"天津日本教育博物馆"。1942年日本的纪元

节（2月11日），该馆正式对外开放。

该馆通过征集、购买、接受赠品以及日军武力抢夺等手段，收藏了大量的文物及标本，先后举办"花与生活——纪念本馆开馆一周年特展"、"青少年科学创作作品展"、"海河水系地图及照片展"、"战时食物展"等展览。其中"青少年科学创作作品展"是由天津日本青少年团主办、该馆协办。

6-54 天津日本教育博物馆

第七章 ○ 艺术篇

限于篇幅，本篇仅涉及戏剧、曲艺、杂技、音乐、舞蹈、美术、电影及其他民间艺术等。

第一节　戏剧

天津的戏剧活动始于元朝，明代已较为兴盛，当时演出剧目主要有昆曲和元曲。至清朝康、雍、乾时期（1661～1795年），随着城市经济的发展，天津出现了一批官绅巨贾。他们大兴土木，广建园林，同时遍请艺人在园中演出以作飨客和消遣娱乐之用，戏剧因而得到很大发展。当时流行的剧种主要有昆曲、弋腔和老秦腔。至道光年间（1821～1850年），天津城区已建有7处戏园，表明戏剧活动已从家蓄戏班发展为社会组班公开演出，并且日趋频繁。这一时期，源于晋、陕的梆子腔和源于徽、汉的皮黄腔落户天津。

京剧在北京诞生后不久即传入天津，并得到很大发展。清末民初，北京京剧名伶荟萃，外埠约聘"京角"多由天津中转；南方伶人进京献艺，也愿先在天津试演。因此，京剧界曾流传"北京学戏、天津唱红、上海赚钞"的说法，天津因而被称为京剧的第二发源地。

作为一座移民城市，天津虽没有产生本地剧种，但来自华北和南方地区的移民，将各自的乡土民间戏曲艺术带到天津。为适应天津人的喜好和语言习惯，这些艺术形式不断被加以改造，最终发展成为具有河北和天津地区风格的剧种。如源于晋陕的梆子腔发展为河北梆子；源于河北唐山地区的莲花落发展为评剧等。19世纪末，天津出现了第一批评剧女演员，开男女演员同台合演的先河，为评剧增添了艺术魅力。此后，以旦角为主编演的新剧目，大受观众欢迎。

天津也是中国话剧的北方摇篮。清光绪三十二年至三十四年（1906～1908年），天津南开学校创办人严修、张伯苓在欧美考察教育时接触到西方话剧，认为其在改良社会、辅助教学方面可以发挥应有的作用。回津后，他们即将话剧（时称"新剧"）移植过来，组织师生排演自编的剧目，并于1914年成立了"南开新剧团"。经过多年实践，该团培养出一批优秀演员、导演和剧作家，使天津南开学校成为北方话剧的中心，并逐渐影响到华北、东北地区。

清末民初，天津出现了以戏剧形式表演的"文明戏"。因演员在演出时多穿时装，又称"时装新戏"。"文明戏"的剧目注重反映现实生活，追求新闻性、故事性，多以社会新闻为演出内容，表演以戏剧程式为主，唱腔采用京剧、河北梆子或评剧，有时也用话剧的写实手法，虚实并用，有较大的随意性。"文明戏"因迎合了底层市民的好奇心和娱乐消遣的习惯而深受欢迎，但作为一种戏剧形式，因缺乏完善的艺术特征，并有粗制滥造的缺陷，至20世纪40年代便销声匿迹了。

20世纪20年代至天津沦陷前，天津已拥有多座设备优良的剧场和一大批欣赏水平较高的观众。为能唱红全国，各地的京剧演员竞相来津献艺，京剧艺术在天津呈现出繁荣昌盛的景象。与此同时，河北梆子逐渐衰落，但评剧与话剧艺术均得到较快发展。在中国共产党的领导下，天津左翼话剧团体纷纷成立，左翼话剧运动蓬勃开展起来，并于1935年达到高潮。当时，左翼话剧团主要演出《到前线去》、《梅雨》、《丰收》、《抵抗线》、《二伤兵》等抗日救亡剧目以及曹禺的《雷雨》、《日出》等。

天津沦陷后，在日伪统治下，左翼文化运动被迫停止，除《雷雨》、《日出》外，一些剧团只能上演如《财狂》、《钦差大臣》等外国名剧，抗日救亡剧目则一律停演。

抗战胜利后，中共地下组织于1945年10月7日成立了公开的文化团体——天津文化人联合会。为推动天津的戏剧运动，1946年初春，联合会组织上演了吴祖光的《凤凰城》、郭沫若的《孔雀胆》、陈白尘的《升官图》等

话剧，群众反响十分强烈。与此同时，南开大学的虹光剧社在地下党的领导下，排演了《凯旋》、《打城隍》、《兄妹开荒》、《放下你的鞭子》等解放区短剧，收到了很好的宣传教育效果。

由于社会动荡，生活艰难，不少戏剧演员被迫改行；还有一些为生活所迫，并受商业化的影响，演出了一些庸俗低级的剧目，遭到很多非议，致使新中国成立前天津戏剧事业日趋没落。

第二节　曲艺

作为一种独立艺术形式，曲艺大致形成于唐代中叶。明代，"宝卷"曲种最先传入天津。清乾隆、嘉庆年间（1736～1820年），"十不闲"传入津门，并出现"南腔"、"北调"兼容的局面。到清朝晚期，各种大鼓纷至沓来，天津曲艺出现了第一个高潮。

1913年，天津成立了艺曲改良社，编唱新词，审订曲目，改变旧词。与此同时，"百代"、"高亭"、"胜利"等许多外国唱片公司中国分公司纷纷灌制曲艺唱片，使曲艺得以进入千家万户。至抗日战争爆发前，天津曲艺进入鼎盛时期。当时，各个曲种和曲目丰富多彩，著名演员与优秀弦师人才济济，大小曲艺场所遍布全市各个角落，培养出一大批具有较

高欣赏水平的观众，天津成为名副其实的"曲艺之乡"。

天津沦陷后，在日寇的铁蹄下，曲艺惨遭蹂躏与践踏，许多曲艺演员被迫改行。抗战胜利后，国民党政府政治腐败，民不聊生，曲艺也未摆脱厄运。庸俗噱头和低级色情节目曾风行一时，曲艺已走向了衰亡的边缘。

第三节　杂技

杂技艺术起源于春秋战国时期，汉代称为"百戏"，隋唐时归入"散乐"。唐宋以后，为区别于其他歌舞、杂剧，才被称作"杂技"。

天津是中国杂技发祥地之一，其技艺传承历史悠久。元泰定三年（1326年）天妃宫建成，此后每年天妃诞辰日都要举行盛会，杂技表演是其中重要的节目。逮至明清两代，杂技有了更长足的发展，皮条、爬竿、飞杠等就诞生于天津。

自清末以来，许多全国著名的杂技表演艺术家均来自天津或在天津成名。天津解放前，被称为"什样杂耍"的杂技演出十分繁盛，其大多与曲艺等说唱艺术同台演出，演出场地主要有燕乐、小梨园、中华茶园等八九处，撂地主要在"三不管"、鸟市和谦德庄等地。

第四节　音乐

民族音乐在天津的发展可谓历史悠久。清初，"十番"乐种即从江南地区传入天津，并得到改进，被称为"天津十番"，天津本地民族音乐就此诞生。

天津的民族音乐主要有津门大乐、津门小吹、民间吹歌、天津十番、天津丝竹、古琴、文庙丁祭乐、佛教音乐、道教音乐、广东音乐等。

天津开埠后，随着九国租界的出现，西方文化逐渐传入，西洋音乐也在此时开始影响津门。

光绪七年（1881年），直隶总督兼北洋大臣李鸿章在天津水师学堂建立了中国第一支军乐队。光绪十一年（1885年），海关总税务司、英国人赫德委托精通音乐的德籍职员比格尔在天津招聘穷苦青年当乐手，成立了赫德铜管乐队。这是中国第一支由中国乐手组成的交响乐队。

"五四运动"后，学堂乐歌兴起，一些反映爱国题材的乐曲在学生中广泛流传。

20世纪三四十年代，天津音乐发展进入鼎盛时期，音乐活动相当活跃，各个学校、团体纷纷组织音乐会，主要有钢琴音乐会、提琴音乐会、交响音乐会、国乐音乐会等，演奏曲目多为中外名曲。

抗日战争胜利后，在中国共产党领导下，一些学校开展了群众性歌咏活动，演唱了许多反内战、反饥饿、争民主的进步歌曲和解放区的革命歌曲，开辟了天津音乐的新天地，团结和教育了广大青年和劳动人民，发挥了应有的作用。

第五节　舞蹈

天津民间舞蹈历史悠久，明代天津设卫筑城后，民间花会中已有多类舞蹈形式。至清末民初，天津民间舞蹈已有法鼓、秧歌、高跷、狮子、龙灯、旱船、飞镲、小车会等40余种。天津沦陷后，人民身处水深火热之中，无心也无力表演，民间舞蹈趋于湮灭。抗战胜利后，民间舞蹈才得以逐渐恢复正常。

西洋舞蹈，主要指产生于西方国家的交谊舞。天津开埠后，西方人士不断增多，他们时常开办舞会，并邀请中方官绅出席，西洋舞蹈因而渐渐在天津上层社会和商界中流行起来。20世纪20年代，天津出现了兴办舞厅的热潮。与此同时，一些外国舞蹈团的来津演出和欧美电影中的某些舞蹈情节，也加快了西洋舞蹈的传播。

随着学习西洋舞蹈热情的不断高涨，天津出现了由外国侨民和归国华侨开办的舞蹈学校，进一步推动了西洋舞蹈的普及。

第六节　美术

天津的美术历史可上溯至蛮荒时期，蓟县就已发现距今6000年前的新石器时期的彩陶。明代以后，随着城市经济文化不断发展，天津出现了众多景观别致，环境幽雅的园林，许多文人墨客在此吟诗作画，从中涌现了一批很有成就的画家。

天津开埠后，西洋绘画（包括油画和漫画）、摄影、雕塑等美术形式传入天津，并得到天津绘画界的好评。这一时期，很多天津画家的作品均反映出中西美术融合的特点。

清末，民族危机日益加深，天津的许多美术家兴办美术教育、组建美术社团，用以开启民智，培养民众的爱国思想。这些美术组织的成立及其开展的活动，对天津美术事业的发展起到了促进作用。

20世纪三四十年代，天津的美术活动十分活跃，学习和欣赏美术的人群日益增多，出现了不少美术研究与教学机构，并举办了众多展览活动。后因政局动荡、战乱不止，大量美术人才外流，天津的美术事业发展近乎停滞。

第七节　电影

光绪二十一年（1895年），电影在法国诞生。第二年，天津就出现了电影放映。光绪二十六年（1900年），英国人拍摄了反映天津社会生活的《中国教会被焚记》。这是第一部反映天津反洋教斗争的影片。光绪二十八年（1902年），美国人拍摄了一部名为《天津街景》的影片，将当时三岔河口附近的建筑和庙宇摄入镜头。

光绪三十二年（1906年），天津出现了由本地人建造的第一座电影院——"权仙茶园"。此后，一批影院先后建成。到1930年，全市共有11座影院，起初主要放映法国片，后多数改放美国好莱坞影片，间或放映一些国产片。20世纪20年代，在"国产电影运动"的影响下，天津先后诞生了五家制片公司，其中有三家摄制了影片。

1929年12月31日，平安影院放映了美国于1927年拍摄的有声片《歌舞升平》。这是天津首次放映有声电影。1931年6月，光陆影院首映中国第一部有声片《歌女红牡丹》。

有声电影面世后，吸引了大批观众，一些新影院也应运而生。到30年代中期，全市共有30多家影院，放映的仍然主要是美国好莱坞影片。

天津沦陷后，日商成立了"新民映画协会"（后改称"华北电影公司天津出张所"），专门推销为日本侵略服务的影片，并建立了专放日伪电影的影院。太平洋战争爆发后，美国影片销声匿迹，德、意影片进入天津。由于时局动荡，民心不稳，加之片源匮乏，电影业日渐萧条，一些影院改演戏剧。

抗战胜利后，国民党政府接收了"华北电影公司天津出张所"，并将其更名为"中央电影公司天津办事处"。因国民党政府实行亲美政策，美国影片卷土重来。但由于通货膨胀，民不聊生，加之国民党军警宪特仗势骚扰，地痞流氓横行霸道，观影人众日少，一些影院被迫关门或转业，全市影院从30多家锐减至24家。

1948年12月，在中国人民解放军大军压境的情况下，国民党天津市政府于20日以"确保全市治安"为由，要求所有影院一律停止营业，全市24家影院最终全部关门。

第八节　民间艺术

明清时期，天津先后出现了三种各具特色的民间艺术，即杨柳青年画、泥人张彩塑和魏记风筝。

1. 杨柳青年画

杨柳青年画出现于明万历年间（1573～1620年），至清乾隆、嘉庆年间（1736～1820年）达到鼎盛。当时，年画作坊遍及杨柳青全镇，从业人数多达3000多人，产品除在华北各省销售外，还远销东北、内蒙古、陕西、新疆等地。

清末民初，因政局动荡，战乱不止，加之西方石印、胶印技术的传入，年画业逐渐衰落，大批作坊倒闭，画板散失，艺人改行。到天津解放前夕，已濒临艺绝人亡的境地。

2. 泥人张彩塑

彩塑泥人出现于清道光年间（1821～1850年），创始人张明山以捏制小型彩塑泥人闻名遐迩，被称为"泥人张"。泥人张彩塑以家族传承延续发展，并取得卓越成就，其作品曾在1915年的巴拿马赛会上获奖，并先后在南洋各地展览会上获奖状、奖牌20余项。但到天津解放前夕，因受战乱、饥荒影响，泥塑艺人处于饥寒交迫的困境，唯有少数张氏后人仍坚持捏制、销售小型泥人以勉强维持生计。

3. 魏记风筝

天津，因制作风筝的高超技艺而受到广泛赞誉，被誉为中国的"风筝之乡"。清道光年间（1821～1850年），天津出现了由本地人制作的风筝，初步形成了天津风筝的特色，但此种风筝成本较高，难以有更大发展。同治年间（1862～1874年），天津出现了"魏记"风筝，其制作技艺更加高超，成本降低了许多，很快便风靡津门。

"魏记"风筝的第一代艺人是魏元泰，被人们亲切地称为"风筝魏"，他的作品曾在1915年的巴拿马赛会上获银奖。从此，"风筝魏"蜚声海内外，其作品在国际上享有极高的声誉。

1. 刘赶三

刘赶三（1816～1894年），名宝山，字韵卿，号兰轩，艺名"刘赶三"。天津人。清末著名京剧丑行演员。嗓音清亮，念白脆爽，做表传神，同时又有较高的文化修养，能根据剧情自编唱词唱腔，改变以往丑行"重念不重唱"的状况。他不仅擅演《连升店》、《请医》、《法门寺》、《十八扯》、《拾黄金》等老戏，尤其对一些"丑婆"戏演得最为拿手，如《探亲家》的乡下妈妈，演来冠绝一时。为"同光十三绝"之一。

7-1 刘赶三

7-2 汪笑侬

2. 汪笑侬

汪笑侬（1858～1918年），原名德克俊，字仰天，号孝侬。满族。光绪五年（1879年）中举。曾任河南太康知县，因性情刚直，被劾罢职。转而投身戏曲界。

其表演做功细致、逼真，唱功戏也得心应手，取汪桂芬、谭鑫培、孙菊仙之长，融会徽、汉二调，自成一派，在艺术形式上有所创新，世称"汪派"。他学识渊博，擅长诗词，一生创作、改编、整理了京剧剧本多种，对剧本的文学性十分重视，要求情节合理，情文并茂，而又流畅上口。他创作、改编的戏曲剧本大多取材历史故事，借古喻今，隐刺时政。对清政府腐败，激于义愤，自编自演二十余出戏，抨击社会，抒发情怀。曾自编《戏剧教科书》，组织天津正乐育化会。

3. 李吉瑞

李吉瑞（1879～1938年），号芝祺。河北新城人。后定居天津。著名京剧武生演员。幼年入河北文安史各庄小吉利科班学习武生，后随班至津，留科一年。出科后赴北京参加玉成班，拜著名武生三派之一的黄派宗师黄月山为师。光绪二十六年（1900年）以后，李吉瑞与

7-3 李吉瑞

薛凤池、程永龙、尚和玉在山东一带组班演出。宣统二年（1910年）返回天津并定居，加入双顺和班，长期在天津聚兴茶园等处演出。除演武生外，还兼演老生。曾任天津正乐育化会会长。

4. 孙菊仙

7-4 孙菊仙

孙菊仙（1841～1931年），名濂，又名学年，字菊仙，号宝臣，外号孙一啰，晚年用"老乡亲"为艺名。天津人。著名京剧老生演员。青年时因军功官至游击，后因事被革，遂投身京剧界，终于形成自己风格。后下海演出，天津人称之为"老乡亲"。

5. 袁克文

7-5 袁克文

袁克文（1889～1931年），字豹岑，别署寒云。河南项城人，袁世凯之次子。昆曲名票。后因反对袁世凯称帝逃往上海，加入青帮，并在上海、天津等地开香堂广收门徒。

6. 李金顺

7-6 李金顺

李金顺（1896～1953年），天津人。评剧第一代女演员，曾蜚声天津剧坛。

7. 尚和玉

7-7 尚和玉

尚和玉（1873～1957年），原名尚壁，字和玉。直隶宝坻（今属天津）人。著名京剧表演艺术家，尚派武生创始人。曾任天津稽古社名誉社长。

8. 刘翠霞

7-8 刘翠霞

刘翠霞（1911～1941年），直隶武清人（今属天津）。评剧著名女演员，1936年曾被评为"评剧皇后"。

9. 白玉霜

白玉霜（1907～1937年），原名李桂珍。天津人。评剧著名女演员，创出评剧"白派"唱法。

7-9 白玉霜

10. 刘喜奎

刘喜奎（1894～1964年），原名刘志浩，后改桂缘。直隶南皮人。河北梆子著名女演员。

7-10 刘喜奎

11. 金刚钻

金刚钻（1900～1948年），原名王莹仙。北京人。河北梆子著名女演员。

7-11 金刚钻

12. 李叔同

李叔同（1880～1942年），又名李息霜、李岸、李良，谱名文涛，幼名成蹊，学

名广侯，字息霜，别号漱筒。天津人。中国话剧的开拓者之一，在音乐、书法、绘画和戏剧方面颇有造诣。从日本留学归国后，担任过教师、编辑之职，后剃度为僧，法名演音，号弘一。这是李叔同（右）在《茶花女》中饰演的角色。

7-12 李叔同

13. 《仇大娘》剧照

南开学校于1914年成立了"南开新剧团"，演出话剧，并培养出一大批优秀的演员、导演和剧作家。这是该团演出《仇大娘》时的剧照。

7-13 《仇大娘》剧照

14. 《恩缘怨》剧照

这是南开新剧团演出的话剧《恩缘怨》剧照（左一为周恩来）。

7-16　《到前线去》剧照

7-14　《恩缘怨》剧照

15. 张彭春

张彭春（1892～1957年），字仲述。天津人。张伯苓之弟。中国教育家、早期话剧活动家、导演。先后毕业于南开学校、美国哥伦比亚大学，同时刻苦钻研戏剧理论和编导艺术。回到天津后，任南开大学教授，同时兼

7-15　张彭春

任南开新剧团副团长，为天津早期话剧运动倡导者之一。

16. 《到前线去》

1935年，在中国共产党的领导下，天津左翼话剧团体纷纷成立，左翼话剧运动得到蓬勃发展。

17. 焦菊隐

焦菊隐（1905～1975年），原名焦承志，笔名居颖、居尹、亮俦，艺名菊影，后自改为菊隐。天津人。中国著名导演、戏剧理论家和翻译家。

7-17　焦菊隐

18. 曹禺

曹禺（1910～1996年），原名万家宝，字小石。天津人。中国现代杰出的戏剧家，著有《雷雨》、《日出》、《原野》、《北京人》等著名作品。

7-18　曹禺

19. 《雷雨》剧照

1933年，曹禺创作了四幕话剧《雷雨》，并于次年公开发表，很快引起强烈反响。它不仅是曹禺的处女作，也是他的成名作和代表作。这是1935年孤松剧团在天津演出《雷雨》的剧照。

7-19 《雷雨》剧照

20. 广东会馆戏楼舞台

光绪末年，津海关道广东人唐绍仪，为了发展巩固广帮势力，倡议集资重新修建自己的会馆，并带头捐献白银4千两。该倡议得到广帮商人的热烈响应，很短时间内就集资9万多两白银，在天津城内鼓楼南大街购置了原盐运使署旧址的土地开始兴建新会馆。光绪三十三年（1907年）新会馆落成，取名广东会馆。

会馆内设木结构室内剧场，楼上为包厢，楼下是散座。戏楼顶部是用细木构件榫接而成的螺旋式藻井，雕花工艺精美，音响效果良好。1912年8月24日，同盟会北方支部曾请孙中山先生在此演讲。"五四运动"期间，这里经常举行群众集会或演出，京剧著名表演艺术家梅兰芳、杨小楼等人都曾在此演出。

7-20 广东会馆戏楼舞台

21. 刘宝全

刘宝全（1869～1942年），京韵大鼓著名演员，经常在天津演出，有"鼓王"之誉。

7-21 刘宝全

22. 白云鹏

白云鹏（1874～1952年），直隶霸县人。京韵大鼓"白派"创始人。清末民初时，经常演出于京津两地。

7-22 白云鹏

23. 常宝堃

常宝堃（1922～1951年），直隶张家口人。著名相声演员，艺名"小蘑菇"。

7-23 常宝堃

24. 天津地方民间曲艺"十不闲"

"十不闲"是清代中期兴起的一种天津地

方民间曲艺形式，也是昔日皇会中展现说唱艺术的表演形式，由安徽凤阳民歌演变而来，是一种自我伴奏的说唱艺术。在表演中，演员手脚并用，通过绳索、杠杆同时操纵安置于架子上的锣、鼓、钹、铛等乐器。由于手、足不停闲，故得"十不闲"之名。在表演时，演员多是由五旦一丑进行演唱。丑角演唱时，往往见景生情，现抓时哏、时话，颇受欢迎。

7-24 天津地方民间曲艺"十不闲"

25. 西洋乐队演出场景

成立于光绪十三年（1887年）的天津英租

7-25 西洋乐队演出场景

界西洋乐队，是中国早期的管弦乐队之一。这是该乐队在英租界维多利亚花园（今和平区解放北园）内演出。

26. 天津广东音乐会音乐部

"五四运动"以后，天津音乐逐渐进入鼎盛时期。当时，天津的音乐活动相当活跃，既有土生土长的丝竹乐，又有外来的广东音乐、西洋音乐等。这是1929年天津广东音乐会音乐部全体人员合影。

7-26 天津广东音乐会音乐部

27. 《秋庄夜雨读书图卷》

该卷描绘查礼（查日乾之三子）于夜雨的水西庄中读书的情景，再现了水西庄的原貌，是研究天津史的重要资料。

该卷为朱岷所绘。朱岷（生卒年不详），字仑仲，一字导江，号客亭。江苏武进人。画山水得米法，其作品可与查士标、翁康饴相媲美。兼善指画。

该图作于乾隆二年（1737年）。全图不拘泥于写实，旨在写水西庄"莽苍萧瑟夜雨意"。

7-27 《秋庄夜雨
读书图卷》

28. 《水西庄图卷》

此卷分三段，依次为孙雨卿绘"春帆柳色"、陈靖绘"海角春帆"和杨天壁绘"津门柳色"。画于道光十一年（1831年）。每段画后分别有郭汝聪（小陶）、梅成栋、徐扬绪、松年等人的题跋。画、跋均应凫香（陶梁）大人命而作。

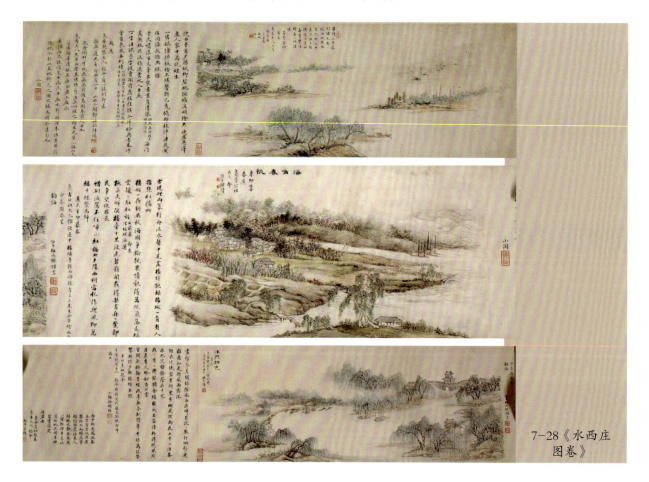

7-28《水西庄
图卷》

7-29 张和庵

29. 张和庵

张和庵（1852～1908年），名兆祥，以字行。天津人。著名画家。擅画山水、人物、花鸟，并重书法，在津门独创一格。

30. 查为义《兰竹轴》

查为义（1700～1763年），字履方，号集堂。天津人。水西庄第一代主人查日乾之次子。官至淮南仪所通判。善画兰竹。此画作于乾隆二十六年（1755年）。

7-30 查为义
《兰竹轴》

31. 查礼《梅花轴》

查礼（1716～1783年），原名为礼，又名学礼，字恂叔，号俭堂，一号榕巢，又号铁桥。天津人。查日乾之三子。曾任四川松茂道员。乾隆年间随征小金川，专司督运。因平定金川有功擢升四川布政使，后又升任湖南巡抚（未到任即卒）。

7-31 查礼
《梅花轴》

32.《五色牡丹图》

这是张和庵的代表作之一《五色牡丹图》。

7-32 《五色牡丹图》

33. 严修书法作品

严修（1860～1929年），字范孙。天津人。天津近代著名教育家、诗人和书法家。

7-33 严修
书法作品

34. 赵元礼书法作品

赵元礼（1868～1939年），字体仁、幼梅。天津人。天津近代著名书法家。

7-34 赵元礼
书法作品

35. 刘奎龄

7-35 刘奎龄

刘奎龄（1885～1967年），字耀辰。天津人。天津著名画家。自学绘画，擅画工笔花鸟。

36. 《上林春色图》

7-36 《上林春色图》

这是刘奎龄代表作之一——《上林春色图》。

37. 李叔同书法作品

李叔同（1880～1942年），又名李息霜、李岸、李良，谱名文涛，幼名成蹊，学名广侯，字息霜，别号漱筒。天津人。中国话剧的开拓者之一，在音乐、书法、绘画

和戏剧方面，颇有造诣。从日本留学归国后，担任过教师、编辑之职，后剃度为僧，法名演音，号弘一。

7-37 李叔同书法作品

38. 孟广慧书法作品

孟广慧（1867～1939年），字定生。天津人。天津近代著名书法家。

7-38 孟广慧书法作品

39．华世奎

7-39 华世奎

华世奎（1863～1941年），字启臣，号璧臣。天津人。清末曾任内阁阁丞，民国成立之后，以遗老自居，终生不剪辫子。同严修组崇化学会，主其事。其书法走笔取颜字之骨，气魄雄伟，骨力开张，功力甚厚。书法作品小至蝇头小楷，大至径尺以上榜书，结构都很凝重舒放，晚年更加苍劲挺拔，居近代天津四大书法家之首。华世奎的书法，真、草、隶、篆诸体，无有不精，而最能代表其书法风格的要算他的楷书作品，有馆阁气魄。

40．吴玉如

吴玉如（1898～1982年），字家琭，后以字行。安徽泾县人。当代著名学者、书法大师。

自幼酷嗜书法，5岁时学写字，到十二三岁时，写小楷、行书已具有相当功力。后经几

7-40 吴玉如

十年博览勤习钻研，能熔合诸家风格，取唐、宋、元、明、清各朝名家之长，而又以二王（羲之、献之）为依归，形成了端丽秀劲、遒健豪放、空灵飘逸的独特书风，隶、楷、行、草、篆无不精能。

41．蘦庐画社

蘦庐画社是陆辛农先生于1923年在其家中创办的，专收女弟子。这是1932年该社社员合影。

7-41 蘦庐画社

42．城西画会

1929年3月，由陆辛农在天津广智馆内设立。这是该会成立三周年时全体会员合影。

7-42 城西画会

43．石挥

7-43 石挥

石挥（1915～1957年），原名石毓涛。天津杨柳青石家后裔。著名电影演员、导演。1947年投身电影界，曾出演《夜店》等影片。导演《我这一辈子》、《鸡毛信》、《天仙配》等。

44．中华戏院

中华戏院坐落于今和平区和平路，建于民国初年。当时名为"中华茶园"，相继演出过曲艺、河北梆子、秦腔等。

7-44 中华戏院

45．帝国剧院

建于1922年，即今天津音乐厅。因为地处市中心，且影院始建之初放映美国好莱坞大片，上座率极高，因此名声大噪。

7-45 帝国剧院

46．光明影院

建于1918年，为当时豪华的电影院。

7-46 光明影院

47．奥林匹克剧院

建于1924年，新中国成立后更名为解放桥影院（今不存）。

7-47　奥林匹克剧院

48.北洋戏院

建于1931年。因坐椅舒适出入方便,上座率颇高,许多著名戏曲演员都曾在此表演过节目。新中国成立后更名为延安影院。

7-48　北洋戏院

49.杨柳青年画《同庆丰年》

杨柳青年画出现于明万历年间(1573～1620年),至清乾隆、嘉庆年间(1736～1820年),发展到鼎盛时期。

7-49　杨柳青年画《同庆丰年》

50.张明山

张明山(1826～1906年),名长林。以字行。天津人。"泥人张"彩塑艺术的奠基人和开创者,其作品曾在巴拿马赛会上荣获一等奖。

7-50　张明山

51．"泥人张"杰出作品《钟馗嫁妹》

7-51 "泥人张"杰出作品《钟馗嫁妹》

52．魏元泰

7-52 魏元泰

魏元泰（1872～1961年），天津人，以制作风筝享名，人称"风筝魏"。16岁入北门外蒋记天福斋扎彩铺学徒，四年期满，学会了做扎彩、风筝和其他小玩具手艺，又在东门里大街开设长清斋扎彩铺，从此进一步钻研风筝制造的技艺，由最初做手拍类风筝，发展为圆形立体和软翅风筝，最后又创造出能够折叠的冈筝。所制作的风筝用料讲究，样式繁多，形象逼真，色调和偕，骨架用钢箍衔接，能拆散折叠，在国内外享有很高声誉。1915年巴拿马赛会上，其作品获金奖。

53．"风筝魏"的作品

7-53 "风筝魏"的作品

第八章 ○ 宗教篇

天津的宗教主要有佛教、道教、伊斯兰教、天主教、基督教以及各类民间宗教等。

第一节　佛教

公元前6世纪，佛教在印度诞生，并于西汉哀帝元寿元年（公元前2年）传入中国。魏晋时期，有僧人在风景优美的蓟州（今蓟县）盘山建立了法兴寺（俗称北少林寺），为迄今所知天津地区最早的寺庙。唐贞观十年（637年），蓟县大佛寺（即独乐寺）建成。这座蓟北名刹经辽统和二年（984年）重建后，屹立至今。至迟在元至元年间（1264～1294年），天竺（即印度）僧人海会在海津镇（今狮子林桥附近）西北建立了海会寺。明永乐二年（1404年），天津设卫筑城后，本地佛教发展更为迅速，并于清朝中晚期达到鼎盛。据《津门保甲图说》记载，清道光年间（1821～1850年），仅天津城区就有寺院300余座，如再统算周边郊县，则寺院总数将近千座。其中，最负盛名的有建于明代的大佛寺、建于清初的大悲院、海光寺等。清朝末年，清政府以天津为试验区，废庙兴学，没收各处寺产，遂使天津地区很多寺院遭到废毁。

民国初期，在以太虚大师为领袖的佛教改革运动的影响下，天津佛教也曾出现过短暂的繁荣，陆续兴建了清修院、荐福庵、大觉兴善寺、莲宗寺等寺院，还创建了佛经流通处和刻经处、居士林、功德社与莲社等佛教事业组织和居士团体。1930年，大元、仁义等僧人出面建立了天津市佛教研究会，由何海鸣任会长。1936年该会改组为中国佛教会天津分会，理事长前期为朱玉田，后期为大元。1937年7月底，日寇侵占天津后，中国佛教会天津分会停止活动，直到抗战胜利后，才重新建立，恢复活动。

第二节　道教

道教形成于东汉的桓帝、灵帝时期（147～171年），早期主要分为太平道和五斗米道，组织形式为民间性道教，后来才发展为上层道教。隋末唐初，道教传入天津地区。静海县王口镇药王庙（又名酂里庙）与蓟县上仓乡真武庙是可稽考证的天津地区最早的道教宫观。此后，金大定年间（1161～1189年），宝坻县城内又建立了三清观。元朝初年，长春真人邱处机曾两次接受其徒王志谨邀请到蓟州盘山传道，使道教在天津地区得到进一步传播。约在同一时期，今天津城区一带也出现了道教宫观，如河东大直沽天妃宫（东庙）、灵寿宫均建于元至元年间（1264～1294年），现存三岔河口小直沽天后宫（西庙）则建于元泰定三年（1326年）。明朝建立后，道教与佛教一样，也在天津地区得到空前发展。至清中叶，天津地区共建有宫观近300座，仅天后宫就有16座。其中，以大小直沽两座天后宫最为著名。清末民初，受废庙兴学等影响，许多宫观被改作学堂或其他公共事业处所，道教在天津迅速衰落。

与佛教自由松散的发展状况不同，清代天津设有隶属于中央道录司的天津州道正司、天津府道纪司和天津县道会司，专门管理道教事务。1913年，各级道教管理机构合并改为隶属中央道教总会的天津分会，会址设在帝君庙。1934年，该会又改名为天津特别市道教会，会址设在玉皇阁。1942年，在日伪政权的操纵下，华北道教总会在北平成立，天津特别市道教会改名华北道教总会天津分会。抗战胜利后，又改名天津市道教会。

道教中的清微正乙派（俗称"俗居道士"）在天津势力最大，居宗派统治地位，天后宫、玉皇阁、帝君庙、玉皇庙等均属此派道观；其次是龙门派，辖有福寿宫、水月庵、净业庵等道观；而据有吕祖堂、城隍庙等宫观的华山派在天津势力较小。

第三节　伊斯兰教

伊斯兰教创立于7世纪的阿拉伯半岛，至8世纪，伊斯兰教徒已遍及亚、非、欧三大洲。唐高宗永徽二年（651年），伊斯兰教正式传入中国。

元朝时，由于回族群众定居海津镇（今狮子林桥附近），伊斯兰教开始在天津流传，并随着回族人口的猛增而昌盛起来。明永乐二年（1404年），今北辰区天穆村建立了清真寺，是为天津地区最早的清真寺。此后，清真寺在天津城乡陆续兴建。

天津地区的伊斯兰教属于逊尼派。民国时期，天津教众曾为中国的伊斯兰教事业作出过突出贡献，其中王静斋翻译的《古兰经》、杨仲明译著的《古兰经大义》在中国伊斯兰教历史上占有重要地位。1922年，天津回族联合会成立，会员约有4000余人。此外，天津地区的伊斯兰教还公开出版了《伊光》、《明德》、《回民公报》等报刊，以阐释教义、普及教育。

第四节　天主教

天主教创立于1世纪的巴基斯坦，音译加特力教，意译公教，也称罗马正教。中国人根据古语"至高莫若天、至尊莫若主"以及明末耶稣会传教士的翻译，将其称为天主教或罗马天主教。

清咸丰五年（1855年），广东籍天主教神甫邱安遇潜入天津地区，以行医卖药为掩护秘密传教，这是已知天主教在天津最早的传教活动。3年后，他被官府拿获，解回广东。

天津被迫开埠后，天主教凭借不平等条约公开在天津城区传教。同治八年（1869年），法国传教士谢福音在三岔河口望海楼旧址修建了天津第一座天主教堂(俗称望海楼教堂)。此后，外国传教士大量涌入天津，并以天津为中心，向所辖各县发展。1912年，天津的天主教徒已逾3万，同年，天津教区正式成立。从1913年起，天津教区首任主教杜保禄（法籍）在墙子河以西的老西开强占土地，动工修建主教府、修道院和西开教堂，意欲强占该地区。此举引起天津人民的强烈反对，爆发了震惊中外的"老西开事件"。1920年，杜保禄被调往江西赣州，天津教区由正定教区主教文贵宾（法籍）代管。1923年，文贵宾被正式任命为天津教区主教，直到1951年被驱逐出境。

从义和团运动失败，到天津解放前夕，天主教在天津市区共建有15座教堂，其中西开教堂为总堂，是天津教区主教驻所，其神职人员也由最初的几十人增至200余人。

天主教在天津开办了1所大学、4所中学、2所外侨子弟学校、1所职业学校、12所小学、4处医院救济机构以及北疆博物院等。

第五节　基督教

基督教主要有三大教派（天主教、东正教、新教）以及基督教马龙派。中文"基督教"特指新教（俗称"耶稣教"），该教创立自1517年马丁·路德发起的宗教改革。

咸丰十年（1860年），基督教凭借不平等条约传入天津。最早来津传教的有美国公理会、英国圣道堂和英国伦敦会。此后，美国美以美会和英国圣公会也相继来津。光绪二十六年（1900年）前，天津城区和郊县共有教徒2000人。义和团运动爆发后，天津各公会城乡教堂多被烧毁，传教士和信徒纷纷躲进租界避难。义和团运动遭到镇压后，外国传教士依仗《辛丑条约》，勒索赔款，强占房地，基督教势力迅速扩张，到光绪二十七年（1901年），教徒人数达4000人以上。

进入民国以后，英国救世军、美国神召会、美国基督复临安息日会、美国通圣会等外国差会陆续传入天津。与此同时，各种自立会也纷纷成立，如由中国人自办的自立、自养、自传的中国基督教会、由英国伦敦会脱胎出来的中华基督教会等。1919年，美国传教士卫理公会布道使狄克逊发起成立了天津基督教联合会，其主要目的是组织天津各教会开展联合布道活动。1945年，由天津基督教著名人士雍涛发起，成立了天津基督教联合协助会，其宗旨是"促进自治、自养、自传"。

至天津解放前夕，基督教在津共修建教堂42座，拥有教职人员64人、教徒7000余人。此外，基督教还在天津建立了基督教青年会、基督教女青年会、圣功神学院、青年归主大会等团体，并开办了10所中、小学校和2所医院。

第六节　其他宗教

1. 东正教

1054年，基督教分裂为东部和西部两个教会，双方均自认正统，东部教会更在自己名称中加入"正"字以示其意，"东正教"由此形成。

光绪二十一年（1895年），东正教由俄国商人传入天津。宣统元年（1909年），该教在天津建立了第一座教堂——救世主堂。此后，其又陆续建立了4座教堂，教徒最多时达5000多人。抗日战争胜利后，俄侨陆续回国，教徒人数逐年减少，教堂也渐被废弃。

2. 犹太教

犹太教创立于公元前11世纪左右的阿拉伯半岛。光绪三十一年（1905年），犹太教传入天津，主要由在津经商的犹太人信奉。该教在天津设有公会，并租赁房屋作为教堂，其信徒最多时达千余人。犹太教先后在天津开设了犹太俱乐部、犹太学校、犹太养老院等文化、救济机构，还在俄租界设有犹太公墓。

1940年，犹太教在天津兴建的新教堂落成，可容纳400余人进行宗教活动。1948年以色列国建立，犹太侨民相继归国，天津的犹太人大减，宗教活动随之停止，所开设的医院、学校、俱乐部等也先后关闭。

3. 锡克教

锡克教诞生于15世纪后期的印度。光绪三十一年（1905年），该教传入天津。锡克教是印度侨民信奉的宗教，曾在天津建立1座寺庙（俗称印度庙）。天津解放初期，因印度侨民陆续回国而停止活动。

4. 日本神道教

日本神道教脱胎于萨满教，大约形成于7、8世纪。第二次世界大战结束前，该教为日本国教。神道教属于泛灵多神信仰（即精灵崇拜），除了传说中的古代日本众神以外，自然界各种动植物、历代天皇、著名的人物以及亡灵，均被赋予了神性，成为祭拜的对象。

日本神道教的信徒主要是日本人。随着越来越多的日本人来到中国，神道教也被带到了天津，"日本神社"就是日本神道教最主要的祭拜场所。

第七节　民间宗教

在天津的历史上还产生、流行过许多民间宗教（又称秘密宗教），它们对下层民众的精神世界与世俗生活产生过重大影响。

明嘉靖初年，无为教创教祖师罗清之女罗佛广从今河北密云石匣镇来到蓟州盘山东麓怪子峪出家为尼，建无为庵一座，并自创一派，取名大乘教，继续传播"无为大道"。嘉靖末年，蓟州人王森受罗佛广大乘教影响，也自创教派，取名东大乘教。大乘教与东大乘教是明后期天津两个重要的民间宗教。

清顺治十一年（1654年），山东即墨人羊宰来到蓟州岐山澜水洞，创立了在理教。康熙四十年（1701年），羊宰开始下山传道，其传道范围主要在天津地区。康熙四十五年（1706年），天津县人张吾山拜羊宰为师，在理教开始在天津城内流传。乾隆三十年（1765年），尹松岩在天津城西永丰屯建立了在理教第一座公开活动场地——积善堂公所（史称西老公所），从此在理教以天津为大本营日益兴盛起来。经过历代传人的不懈努力，到清末民初，在理教已由天津传播至北京、沈阳、上海等地

区，仅在天津城乡就建有公所128处，天津遂成为全国在理教中心。

明朝万历年间（1573～1619年），由北直隶（今河北省）曲周县人韩太湖创立的弘阳教（又称混元门）传到天津。清康熙年间（1662～1722年），由山东商河县（今惠民县）人董计升创立的天地门（又称一炷香）也传到天津。道光年间（1821～1850年），由山东刘凤创立的太上门亦传到天津。混元门、天地门、太上门成为清朝和民国时期盛行天津城乡的三大民间宗教。它们纷纷建立佛堂、道房，进行念经起忏、帮办丧事等活动，在下层社会中拥有广泛的信众。

1935年，自称一贯道十八祖的张光璧来到天津开荒布道，建立了天真总坛，其下有百余个佛堂，并通过天津渗入东北地区。

总的说来，当天津处于封建社会时，佛教、道教始终处于正统地位，基本上发挥了从思想信仰上维护封建专制统治的作用，而那些被封建王朝视为异端邪教的各种民间宗教（如大乘教、东大乘教、在理教、弘阳教、天地门等），却能抒发下层民众的宗教情感，寄托下层民众的美好愿望，因而在民间普遍流传。

进入半封建半殖民地社会以后，天津的宗教形势呈现出一些新的特点。首先，伴随着帝国主义的文化侵略，天主教、基督教大规模传

入天津，激起了天津人民的仇恨与反抗，以致爆发了两次火烧望海楼教堂事件和反对法国天主教侵占老西开事件；但其客观上传播了西方近代科学技术文化，在教育、医疗以及建筑等领域开天津近代化先河，开阔了天津人民的眼界。其次，由于佛教、道教本身的急剧衰落，代之而起的各种民间宗教，曾广泛流传于清末民初的天津民间社会。在这些宗教中，既有以从事慈善公益事业见长的宗教（如在理教）；也有卖身投靠中外反动派的宗教（如一贯道）；既有固守旧习，在民间劝人为善行好的宗教（如天地门、太上门等）；也有宣扬封建迷信，专事传教敛钱的宗教（如圣贤道）。各类宗教芜杂混乱，良莠不齐，构成了天津解放前一个严重的社会问题。

1. 独乐寺

位于蓟县县城内。俗称大佛寺。传说安禄山起兵叛唐，在此誓师，因他"思独乐而不与民同乐"而得寺名。始建于唐贞观十年（637年），辽统和二年（984年）重建，是中国仅存的三大辽代寺院之一，被列为全国重点文物保护单位。

现在尚存辽代重建时的观音阁和山门。观音阁上的匾额"观音之阁"传说是李白所题。观音高16米，头上还有10个小头像，被称为11面观音。

8-1 独乐寺

2. 大悲禅院

位于今河北区天纬路26号，建于清顺治十五年（1658年），是市区年代最早的佛教寺院，被列为天津市文物保护单位。

8-2 大悲禅院

3. 莲宗寺

位于今和平区保安大街与南门外大街交口处，是天津解放后仅存的一座尼僧寺院。1938年，际然法师在昌文法师和光道法师的帮助下首建大殿，后又修建了山门和东西两厢及后楼念佛堂。全部工程由际然法师亲自设计、购料及监工，历时13年才陆续完工。因该寺地处闹市区，毗邻多为妓院、大烟馆等秽处，故取莲花出污泥而不染之意；又因莲宗是净土宗念佛法门之意，故称莲宗寺。

8-3 莲宗寺

4. 居士林

位于东南角草厂庵清修院胡同10号，由大雄宝殿和两侧配殿组成，建于清末民初。

居士林前身是"清修院"，原是天津八大家"李善人"李春城的家庙。李家于1917年从北京怀柔县资福寺请来清池法师住持清修院，北洋政府总统徐世昌题写匾额"清修禅院"。后军阀混战，直鲁联军进驻天津将清修院封闭。1928年北洋政府倒台，清修禅院重归李家。

1933年，靳云鹏联合孙传芳等人与李春城之长孙李颂臣商妥，将清修禅院改为"天津佛教居士林"，靳云鹏任林长，孙传芳为副林长并自封为"首席居士"，并规定每周日居士来居士林诵经，由富明法师主讲。当时信徒甚多，达千人以上。1948年以后由宝菡法师任住持。

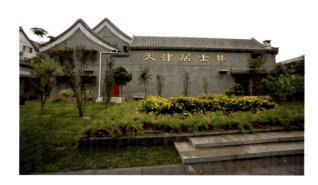

8-4 居士林

5. 潮音寺

位于今塘沽区海河西岸的西大沽境内海河入海口南岸，始建于明永乐二年（1404年）。原名南海大寺、双山寺，明嘉靖帝和民国大总统曹锟曾经六次修葺，因清朝康熙、乾隆的亲临拜谒而名扬海内外。

潮音寺历史悠久，地理位置特殊，曾是塘沽经济、贸易、文化和民俗活动的中心，是中国少有的坐西朝东的庙宇，由三层大殿、南北四配殿和南北两跨院组成，内设柳仙亭，供奉观音菩萨等佛像。为大沽口仅存的祭祀海神的庙宇，许多出海打鱼的人都来此烧香礼佛，以求得神灵庇佑。

8-5 潮音寺

6. 峰山药王庙

俗称"凤窝庙"，位于今西青区大寺镇王村界内。始建于唐永淳二年（683年），历史上曾屡次重修，并逐渐成为人民群众竞相朝拜的佛教圣地，是人们乞求健康安乐与幸福的神圣场所。整体建筑规模恢弘精美，楼阁殿宇错落有序，布局协调浑然一体，主要由山门、前殿、中殿、后殿、东西配殿及钟楼和鼓楼等几部分组成。

8-6 峰山药王庙

7. 海光寺

康熙四十四年（1705年），成衡法师于距南门三里的官道东侧修建起一座宝刹，名普陀寺。因为周围地势宏阔，普陀寺显得格外轩昂，以致这里香火极盛，名噪一时。康熙五十八年（1719年），康熙南巡，驻跸天津。康熙遂赐普陀寺名海光寺，并赐写了寺名。乾隆元年（1736年），乾隆南巡路过天津，为海光寺题写了大量匾联，海光寺因此声名更隆，成为当时"津门十景"之一。

8-7 海光寺

8. 挂甲寺

挂甲寺，原名庆国寺。相传唐太宗于贞观十八年（644年）征东归来，路过此处发现庆国寺，便在此解甲休息。唐太宗一时兴起，亲书"挂甲寺"三字，嘱咐僧人将庆国寺改名为挂甲寺，以此作为凯旋的纪念。

8-8 挂甲寺

9. 清同治年间天津佛教庙宇分布图

天津设卫筑城后，佛教得到迅速发展。至清朝中晚期，终于步入鼎盛期。据《津门保甲图说》记载，至清同治年间（1862～1874年），仅城区就有寺院300余座。

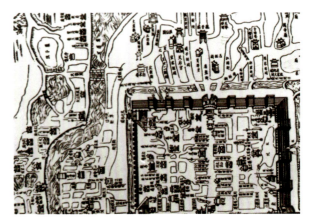

8-9 清同治年间天津佛教庙宇分布图

10. 天后宫

天后宫，又称天妃宫、娘娘宫。始建于元泰定三年（1326年）。供漕运船民祈求行船平安，进行祭祀活动。

8-10 天后宫

11. 玉皇阁

玉皇阁道观，又称清虚阁，建于明宣德年间（1426～1435年）。阁高约10米，是当时天津登高胜地。

8-11　玉皇阁

12. 三官庙

三官庙道观位于今南开区南门外，供奉天、地、水三官。建于明弘治年间（1488～1505年）。

8-12　三官庙

13. 福寿宫

福寿宫，位于津西小稍直口，建于元朝。

8-13　福寿宫

14. 城隍庙

始建于明永乐四年（1406年），重建于成化十九年（1483年）。清雍正四年（1726年），天津人缪启乾捐建后楼五座。

8-14　城隍庙

15. 河神庙

建于清乾隆三十五年（1770年），为祭祀运河河神以保佑漕运船户安全而立。位于三岔河口一带。

8-15 河神庙

16. 吕祖堂

位于今红桥区芥园道南测，为供奉仙人吕洞宾的道观。始建于明宣德八年（1433年），当时为永丰屯祠堂。清康熙五十八年（1719年）修葺后，改为吕祖庙观，定名为"吕祖堂"。后于乾隆六十年（1795年）、道光十九年（1839年）和1920年三次修葺。主要建筑有山门、前殿、后殿和五仙堂。前殿主要供奉吕洞宾，后殿供奉北斗元君，两侧供奉药王和药圣。

8-16 吕祖堂

17. 鲁班庙

位于今蓟县城内，始建于清康熙年间（1662～1722年），主体建筑按照官式建筑修

建，坐北朝南，木结构，由正殿、山门和配殿组成。光绪三年（1877年）重修，院内存光绪重修公输子庙碑二通。

8-17 鲁班庙

18. 关帝庙

又称下关庙。位于今蓟县城内西大街，始建年代不详，元明清三代多次重修。原有山门、钟鼓楼、前殿、大殿、后殿、戏楼等。现存大殿、后殿和配房，皆为清代建筑。有乾隆十一年（1746年）立"关帝庙修葺功竣碑"、乾隆二十四年（1759年）立"关帝庙后殿重修碑"、乾隆五十三年（1788年）立"修葺关帝庙碑"、道光二十六年（1846年）立"重修关帝庙碑"各一通。

8-18 关帝庙

19. 大觉寺

位于今宝坻区城关镇东街，始建于辽重熙年间（1032～1054年），明、清皆有修葺。现仅存罗汉堂和10间配房。罗汉堂系明代梁架，面阔三间，进深三间，有碑二通。一为《重修大觉寺碑记》，一为《火德星君接驾于大觉寺功烈碑》。

8-19　大觉寺

20. 火神庙

位于今西青区张家窝乡张窝村，清代始建。现存山门和大殿，山门为楼阁式建筑，大殿面阔三间，进深二间，有"有求必应"、"心诚则灵"等题记。

8-20　火神庙

21. 清真大寺

始建于清康熙四十二年（1703年），是穆斯林礼拜、祈祷的场所，位于今红桥区西北角。

8-21　清真大寺

22. 大口屯清真寺

位于今宝坻区大口屯乡磨盘街，光绪十四年（1889年）建。现存礼拜殿、浴室和阿訇宿舍等建筑。

8-22　大口屯清真寺

23. 杨村清真寺

位于今武清区杨村镇七街，清乾隆年间（1736～1795年）建，后多次重修。礼拜殿面阔三间，由前后3座建筑勾连搭构成，砖木结构，顶上建望月楼，保存完好。

8-23　杨村清真寺

8-25　望海楼天主教堂

24. 河西务清真寺

　　位于今武清区河西务乡大刘庄，始建于清代晚期，由正门、水房、礼拜殿组成。礼拜殿面阔三间，由前后三座建筑勾连搭构成，顶正中建亭阁式望月楼。

8-24　河西务清真寺

25. 望海楼天主教堂

　　因"火烧望海楼"（又名"天津教案"）而闻名全球。始建于清同治八年（1869年），次建于光绪二十三年（1897年），再建于光绪三十年（1904年）。具有哥特式建筑风格。

26. 谢福音

　　谢福音（C.Chevrr-ier，1820—1870年），法国天主教神父。天津教案爆发后被群众殴毙。

8-26　谢福音

27. 义和团运动被烧毁的望海楼教堂

　　光绪二十五年（1899年），义和团运动在山东蓬勃发展，不久进入京津两地。光绪二十六年五月十八日（1900年6月14日），义和团民烧毁了重建的望海楼教堂。

8-27 义和团运动被烧毁的望海楼教堂

28. 紫竹林天主教堂

建于清同治十一年（1872年），位于法租界圣路易路（今和平区营口道）东端海河岸边，又名圣路易教堂。具有文艺复兴式建筑风格。

8-28　紫竹林天主教堂

29. 西开天主教堂

建于1916年，位于今和平区西宁道，具有罗马式建筑风格，是天主教天津教区主教的坐堂，因"老西开事件"而闻名。

8-29　西开天主教堂

8-30　杜保禄

30. 杜保禄

杜保禄（Paul-Marie Dumond，1864～1944年），法国天主教神父，曾任天主教天津教区第一任主教，因"老西开事件"而闻名。

31. 法国天主教传教士在天津的传教活动

天津被迫开埠后，法国天主教传教士们凭借不平等条约和法军的威力公开在天津城区传教。为方便传教，他们改穿中式服装四处活动。

8-31　法国天主教传教士在天津的传教活动

32. 天主教方济格会圣心堂

1926年，意大利天主教方济格会建造圣心堂，地址在意租界（今河北区建国道）。

8-32 天主教方济格会圣心堂

33. 天主教仁慈堂

创办于清咸丰十一年（1861年），位于海河右岸与望海楼教堂相望的东门外小洋货街，是由天主教仁爱会创办的救济机构。

8-33 天主教仁慈堂的修女与儿童在一起的合影

34. 雷鸣远

雷鸣远（Frederic Lebbe，1877～1940年），比利时籍天主教神父。光绪二十七年（1901年）来华，1912年任天主教天津教区副主教。1915年在天津创办《益世报》。1927年加入中国籍。

8-34 雷鸣远

35. 桑志华

桑志华（Emile Licent，1876～1952年），法国天主教神父，法国著名地质学家、古生物学家、考古学家。1914年来到中国，从事田野考察和考古调查工作25年，对中国的旧石器时期考古做出了重大贡献。他的足迹遍及中国北方各省，采集地质、古生物标本几十万件，创建了北疆博物院（天津自然博物馆前身）。

8-35 桑志华

36. 武清杨村大王庄天主教堂

始建于清光绪二十八年（1902年），具有罗马式建筑风格。

8-36 武清杨村大王庄天主教堂

37. 武清小韩村天主教堂

始建于清同治九年（1870年），光绪二十九年（1903年）重建，具有哥特式建筑风格。

8-37 武清小韩村天主教堂

38. 宝坻大口屯天主教堂

建于清同治十二年（1873年），位于今宝坻区大口屯镇，具有哥特式建筑风格。

8-38 宝坻大口屯天主教堂

39. 蓟县敦庄子天主教堂

建于清同治十三年（1874年），位于今蓟县澱溜镇敦庄子村，具有哥特式建筑风格。

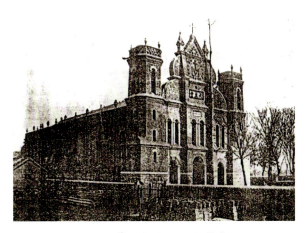

8-39 蓟县敦庄子天主教堂

40. 文贵宾

文贵宾（Joannes de Vienne，1877～1957年），法国天主教神父，光绪二十七年（1901年）来华。是天主教天津教区第二任主教。

8-40 文贵宾

41．田耕莘

田耕莘（1890～1967年），字聘三。山东阳谷人。天主教第一位中国籍红衣主教。1947年曾来津主持"圣母月"朝拜正日的礼仪仪式。

8-41 田耕莘

42．英国基督教圣道堂合众会堂

初建于清同治三年（1864年），地点位于法租界一号路（今和平区大沽路）。光绪二十三年（1897年）又在英租界戈登路（今和平区湖北路）重建。

8-42 英国基督教圣道堂合众会堂

43．英国基督教圣公会安立甘教堂

由基督教圣公会创办，创办人史嘉乐（Charles Percy Scott）。光绪五年（1879年）被指派为中国华北地区主教。安里甘教堂地点在今泰安道和浙江路交口。教堂历任牧师都是英国人。安里甘教堂有"天津的英国教会"之称。1935年5月教堂失火，礼拜堂严重损坏。

8-43 英国基督教圣公会安立甘教堂

44．基督教卫理公会（美以美会）维斯理堂

初建于同治十一年（1872年），位于法租界海大道（今和平区大沽路）。光绪二十九年（1903年），卫理公会（美以美会）将旧的维斯理堂出售，在梨栈（今和平区滨江道237号）购地，重建维斯理堂。新的维斯理堂于1913年

建成。该堂占地3.65亩，建筑面积2249平方米，是当时天津市区最大的基督教堂。

8-44　基督教卫理公会（美以美会）维斯理堂

45. 冈纬路教堂

建于1917年，是美国基督教公理会的教堂。

8-45　冈纬路教堂

46. 仓门口教堂

全称是"天津中华基督教会仓门口堂"，建于清宣统二年（1910年），位于今南开区鼓楼东大街174号，是华北地区第一座华人自立的基督教堂，开创了国人自立、自养、自传的"三自"教会的先河。

8-46　仓门口教堂

47. 基督教天津青年会

英国于1844年创建了基督教青年会，宗旨是"发扬基督精神，团结青年同志，养成完美人格，建设完美社会"，"不但注意个人的灵德，而且还看重体、智、群三方面的提炼"。中国基督教青年会创始于光绪二十一年（1895年）。同年，天津基督教青年会在今南开区东马路天津少年宫创办。

8-47　20世纪40年代，由天津基督教青年会主办的集体婚礼

185

48．东正教堂

清宣统元年（1909年），俄国东正教会在天津俄租界俄国花园（今河东区南站附近）内建立东正教堂，名为"救世主堂"。1922年扩建后更名为"圣母帡幪堂"。

8-48　东正教堂

50．日本神社

建于1920年，地址在日租界大和公园（今和平区"八一礼堂"附近）。

8-50　日本神社

49．犹太教堂

建于1944年，位于今和平区南京路与郑州道交口处。

8-49　犹太教堂

主要参考文献

一、史料

1. （清）朱寿朋编：《光绪朝东华录》，中华书局，1958年。

2. 沈桐生辑：《光绪政要》，江苏广陵古籍刻印社，1991年。

3. 王彦威纂辑：《清季外交史料》，书目文献出版社，1987年。

4. 赵尔巽等撰：《清史稿》，中华书局，1977年。

5. 《清实录·宣宗成皇帝（道光）实录》，中华书局，1986年。

6. 《清实录·文宗显皇帝（咸丰）实录》，中华书局，1986年。

7. 《清实录·穆宗毅皇帝（同治）实录》，中华书局，1987年。

8. 《清实录·德宗景皇帝（光绪）实录》，中华书局，1987年。

9. 《清实录·（附）宣统政纪》，中华书局，1987年。

10. 中国第一历史档案馆编：《咸丰同治两朝上谕档》，广西师范大学出版社，1998年。

11. 中国第一历史档案馆编：《光绪宣统两朝上谕档》，广西师范大学出版社，1996年。

12. 赵之恒、牛耕、巴图主编：《大清十朝圣谕》，北京燕山出版社，1998年。

13. 刘锦藻撰：《皇朝续文献通考》，浙江古籍出版社，2000年。

14. 中国史学会编：《中国近代史资料丛刊·洋务运动》，上海人民出版社，1961年。

15. 中国史学会编：《中国近代史资料丛刊·义和团》，上海人民出版社，2000年。

16. 天津图书馆、天津社科院历史研究所编：《袁世凯奏议》，天津古籍出版社，1987年。

17. 孙毓棠编：《中国近代工业史资料》，科学出版社，1957年。

18. 王守恂著：《天津政俗沿革记》，1938年。

19. 李鸿章著：《李鸿章全集》，时代文艺出版社，1998年。

20. 周小鹃编：《周学熙传记汇编》，甘肃文化出版社，1997年。

21. 中国舰艇工业历史资料丛书编辑部编：《中国近代舰艇工业史料集》，上海人民出版社，1994年。

22. 中国社会科学院近代史研究所《近代史资料》编辑组编：《义和团史料》，中国社会科学出版社，1982年。

23. 国家档案局明清档案馆编：《义和团档案史料》，中华书局，1959年。

24. 中国第一档案馆编辑部编：《义和团档案史料续编》，中华书局，1990年。

25. 天津社会科学院历史研究所编：《八国联军在天津》，齐鲁书社，1980年。

26. 中国近代兵器工业档案史料编委会编：《中国近代兵器工业档案史料》，兵器工业出版社，1993年。

27. 胡滨译：《英国蓝皮书有关义和团运动资料选译》，中华书局，1980年。

28. 刘海岩编译：《八国联军占领实录——天津临时政府会议纪要》，天津社会科学院出版社，2004年。

29. 北京市天津市政协文史资料研究委员会编：《京津

187

蒙难记》，中国文史出版社，1990年。

30. 北京大学历史系编：《义和团运动史料·丛编》,中华书局，1964年。

31. 张荣初译：《红档杂志有关中国交涉史料选译》，三联书店，1957年。

32. 张焘著：《津门杂记》,天津古籍出版社，1986年。

33. 汪敬虞编：《中国近代工业史资料》，科学出版社，1957年。

34. 侯振彤译：《二十世纪初的天津概况》，天津市地方史志编修委员会总编辑室，1986年。

35. 天津市政协文史资料研究委员会编：《天津的洋行与买办》，天津人民出版社，1987年。

36. 张侠等合编：《清末海军史料》，海洋出版社，1982年。

37. 朱有瓛主编：《中国近代学制史料·第一辑》，华东师范大学出版社，1983年。

38. 中国社会科学院近代史研究所中华民国史组编：《清末新军编练沿革》，中华书局，1978年。

39. 天津宗教志编辑室编：《天津宗教资料选辑》（第一辑），1986年。

40. 天津市文化局文化史志编修委员会编：《天津文化史料》（第一辑至第六辑），1990～1999年。

41. 孙五川、林呐主编：《天津出版史料》（第一辑至第八辑），百花文艺出版社1988～1997年。

42. 天津市政协文史资料委员会编：《天津报海钩沉》，天津人民出版社，2003年。

二、专 著

1. 天津社会科学院历史研究所《天津简史》编写组编著：《天津简史》，天津人民出版社，1987年。

2. 来新夏主编：《天津近代史》，南开大学出版社，1987年。

3. 罗澍伟主编：《近代天津城市史》,中国社会科学出版社，1993年。

4. 周俊旗主编：《民国天津社会生活史》，天津社会科学院出版社，2002年。

5. 刘海岩著：《空间与社会——近代天津城市的演变》，天津社会科学院出版社，2003年。

6. 张华腾著：《北洋集团崛起研究（1895—1911）》，中华书局，2009年。

7. 赵宝琪、张凤民主编：《天津教育史》（上卷），天津人民出版社，2002年。

8. 张大民主编：《天津近代教育史》，天津人民出版社，1993年。

9. 孙德常、周祖常主编：《天津近代经济史》，天津社会科学院出版社，1990年。

10. 孙大千编著：《天津经济史话》，天津社会科学院出版社，1989年。

11. 宋美云、张环著：《近代天津工业与企业制度》，天津社会科学院出版社，2005年。

12. 尚克强著：《九国租界与近代天津》，天津教育出版社，2008年。

13. 韩延龙、苏亦工等著：《中国近代警察史》，社会科学文献出版社，2001年。

14. 牟钟鉴、张践著：《中国宗教通史》（修订本），社会科学文献出版社，2003年。

15. 龚关著：《近代天津金融业研究》（1861—1936），天津人民出版社，2007年。

16. 中共天津市委党史研究室编著：《津沽大地的抗日

壮歌》，天津古籍出版社，2005年。

17．天津市地方志编修委员会办公室编著：《抗日烽火在天津》，天津人民出版社，2005年。

18．王凯捷著：《天津抗战》，天津人民出版社，2005年。

19．天津市档案馆主编：《外国人在旧天津》，天津人民出版社，2007年。

20．天津市文化局文化史志编修委员会编：《天津文化简志稿》，1988年。

21．汤仁泽著：《经世悲欢：崇厚传》，上海社会科学院出版社，2009年。

22．张洪祥主编：《近代日本在中国的殖民统治》，天津人民出版社，1996年。

23．李正中主编：《近代中国天津名人故居》，天津人民出版社，2002年。

24．天津市档案馆主编：《天津老戏园》，天津人民出版社，2005年。

25．罗澍伟编著：《百年中国看天津》，天津人民出版社，2005年。

26．韩嘉谷著：《天津古史寻绎》，天津古籍出版社，2006年。

27．廖永武著：《天津现代革命运动史》，天津人民出版社，1985年。

28．张利民主编：《解读天津六百年》，天津社会科学院出版社，2003年。

29．天津市政协文史资料研究委员会编：《天津——一个城市的崛起》，天津人民出版社，1990年。

30．天津市地方志编修委员会办公室、天津市文化局编著：《天津通志·文化艺术志》，天津社会科学院出版社，2007年。

31．天津市政协文史资料委员会编：《天津租界谈往》，天津人民出版社，1997年。

32．（美）唐德刚著：《晚清七十年》，台湾远流出版事业股份有限公司，1998年。

33．姜立夫编著：《中华民国史资料丛稿·民国军事史略稿》，中华书局，1987～1991年。

三、论　文

1．胡光明：《论早期天津商会的性质和作用》，《近代史研究》1986年第4期。

2．廖一中：《晚清新政与天津工业近代化》，《天津社会科学》1988年第2期。

3．郭鸿林：《天津市历史博物馆沿革》，《天津市历史博物馆馆刊》第3期。

4．常延平：《陆辛农和天津的博物馆事业》，《天津文史丛刊》第10期。

5．刘鸿志：《天津图书馆的变迁》，《天津文史资料选辑》第60辑。

6．罗真容：《历史上的天津通俗图书馆》，《天津文化史料》第六辑。

7．涂小元：《浅析清末天津近代兵器工业及其对城市发展的作用》，《城市史研究》第22辑。

8．涂小元：《试论清末天津警察制度的创立及其对城市管理的作用》，《城市史研究》第23辑。

9．涂小元：《小站练兵时期定武军、新建陆军与武卫右军的火器装备刍议》，《军事历史研究》2009年第2期。

插图索引

第一章　政治篇

1-1　围坊遗址第二期文化遗存考古工地 007

1-2　围坊遗址第三期文化遗存考古工地 007

1-3　张家园遗址第二类遗存考古工地 007

1-4　张贵庄战国墓葬考古工地 008

1-5　秦城遗址考古工地 008

1-6　东汉鲜于璜墓考古工地 008

1-7　静海县东滩头汉魏墓葬考古工地 009

1-8　东丽区军粮城唐代墓葬考古工地 009

1-9　天津卫城图 010

1-10　天津府、天津县城区图 010

1-11　天津县署 010

1-12　马嘎尔尼 011

1-13　白河投书 011

1-14　《天津条约》的签订 012

1-15　《天津条约续增条约》的签订 012

1-16　天津租界图 013

1-17　英租界工部局大楼 013

1-18　英国驻津领事馆 013

1-19　法租界公议局大楼 014

1-20　法国驻津领事馆 014

1-21　德租界工部局大楼 014

1-22　美国驻津领事馆 014

1-23　德国驻津领事馆 014

1-24　日本公会堂 015

1-25　日本驻津总领事馆 015

1-26　俄租界工部局大楼 015

1-27　俄国驻津领事馆 015

1-28　意租界工部局大楼 015

1-29　意大利驻津领事馆 015

1-30　比租界工部局 016

1-31　比利时驻津领事馆 016

1-32　奥匈帝国驻津领事馆 016

1-33　天津的直隶总督署 017

1-34　严复 017

1-35　清末天津警察与天津巡警总局 018

1-36　宣统三年天津县选举执照 018

1-37　顺直咨议局 019

1-38　"老西开事件" 019

1-39　"五四运动"中北洋大学的游行队伍 020

1-40　觉悟社 020

1-41　女星社 021

1-42　天津社会主义青年团小组的创立 021

1-43　中共天津地委成立时的旧址 021

1-44　"五卅运动"期间天津人民的示威游行队伍 022

1-45　中共顺直省委旧址 （今和平区山西路耀华
里2号） 022

1-46　"一二·一八"抗日救国示威游行 023

1-47　东北角官银号附近的示威游行 023

1-48　河北省委在天津的办公地点（今和平区南京路
福顺里） 024

1-49 世昌里旧址 024

1-50 "天津事件"中日军封锁英、法租界时的情景

.... 025

1-51 日伪组织的有关"治安强化运动" 025

1-52 抗议美军暴行的示威游行 025

1-53 "五・二○"爱国学生运动中以北洋大学

为首的北路游行队伍 026

第二章 经济篇

2-1 《潞河督运图》 034

2-2 营田图 034

2-3 天津海关外景 034

2-4 英商仁记洋行天津分行办公大楼 035

2-5 英商怡和洋行天津分行 035

2-6 天津电报总局职员在进行训练 036

2-7 矿务局办公大楼 036

2-8 中国天津铁路公司办公场所 037

2-9 詹天佑 037

2-10 轮船招商局天津分局办公大楼 037

2-11 天津利顺德大饭店 038

2-12 英国麦加利银行 038

2-13 俄国华俄道胜银行 038

2-14 德国德华银行 038

2-15 日本横滨正金银行 039

2-16 直隶工艺总局 039

2-17 周学熙 039

2-18 天津造胰公司营业部 040

2-19 天津商务公所 040

2-20 法国东方汇理银行天津分行 040

2-21 周叔弢 040

2-22 裕元纱厂厂房 041

2-23 恒源纱厂 041

2-24 北洋纱厂办公楼 041

2-25 宝成纱厂 041

2-26 寿星面粉公司 041

2-27 寿丰面粉公司 041

2-28 大丰面粉公司 042

2-29 民丰面粉公司 042

2-30 天津久大精盐公司 042

2-31 范旭东 042

2-32 天津永利化学工业公司之永利碱厂 042

2-33 侯德榜 043

2-34 天津永明漆厂石碾磨设备 043

2-35 天津利生体育用品厂 043

2-36 天津仁立毛纺股份有限公司 044

2-37 天津东亚毛呢股份纺织公司 044

2-38 宋棐卿 044

2-39 天津中天电机厂生产的电话交换机 044

2-40 天津盛锡福帽庄 045

2-41 天津中原公司 045

2-42 天津劝业商场夜景 045

2-43 天津国民大饭店 045

2-44 天津交通旅馆 046

2-45 天津鼎章照相馆 046

2-46 中国银行天津分行 046

2-47 中央银行天津分行 046

2-48 盐业银行天津分行 047

2-49 金城银行天津分行 047

2-50 浙江兴业银行天津分行 047

2-51 美国花旗银行天津分行 047

2-52 日商天津中山钢业所的天车 048

2-53 日商东洋化学工业株式会社汉沽工场 048

第三章 军事篇

3-1 铜剑 056

3-2 铜戈 056

3-3 嵌镞腿骨 056

3-4 平阳□戈 056

3-5 太平军北伐时使用过的铜炮 057

3-6 第一次大沽口保卫战 057

3-7 第二次大沽口保卫战 058

3-8 英法联军占领大沽口之北塘炮台 058

3-9 崇厚 059

3-10 李鸿章 059

3-11 天津机器局 059

3-12 天津机器局（东局）.......... 060

3-13 天津机器局生产的林明敦式中针后装线膛
单发枪 061

3-14 天津机器局生产的潜水艇模型 061

3-15 北洋水师大沽船坞 062

3-16 天津水师学堂 062

3-17 天津武备学堂 063

3-18 载人气球在天津武务学堂试放 063

3-19 早期的电话机 064

3-20 袁世凯 064

3-21 义和团民 064

3-22 义和团在天津张贴的宣传品——歌谣、揭帖 065

3-23 "乾"字团总坛口——吕祖堂 065

3-24 "八国联军"在大沽口登陆 066

3-25 罗荣光（中）.................... 066

3-26 聂士成 066

3-27 聂士成率清军攻打天津租界中的八国联军
（日本历史画）................ 067

3-28 激战后的老龙头火车站 067

3-29 被八国联军杀害的义和团民的首级 068

3-30 都统衙门成员 068

3-31 日本中国驻屯军司令部 068

3-32 英国兵营 069

3-33 美国兵营 069

3-34 法国兵营 069

3-35 德国兵营 069

3-36 意国兵营 070

3-37 法租界长发栈 070

3-38 天津兵变后天津街头的残垣断壁 070

3-39 天津保安队 071

3-40 天津便衣队暴乱时市民纷纷逃难 071

3-41 日军在天津街头开炮轰击 072

3-42 大日本海军陆战队先登纪念碑 072

3-43 被日军炸毁的天津街头的店铺 072

3-44 进入天津的美国海军陆战队第三军的官兵们 073

3-45 驻津日军投降 073

3-46 国民党驻津部队修建的城防工事 074

3-47 刘亚楼 075

3-48 解放军炮兵阵地 075

3-49 金汤桥胜利会师 075

3-50 解放军攻克天津警备司令部 076

第四章　教育篇

4-1 天津卫学 083

4-2 三取书院 083

4-3 问津书院 083

4-4 天津医学堂 083

4-5 北洋工艺学堂 084

4-6 天津北洋西学学堂 084

4-7 盛宣怀 085

4-8 丁家立 085

4-9 王邵廉 085

4-10 严修 086

4-11 张伯苓 086

4-12 南开学堂 087

4-13 南开大学 087

4-14 南开女中 087

4-15 天津工商学院 088

4-16 北洋女子师范学堂 088

4-17 天津新学书院 089

4-18 天津府县劝学所 089

4-19 天津首批留日师范生启程赴日 089

4-20 直隶学务公所 089

4-21 严氏女学 090

4-22 直隶第一模范小学堂 090

4-23 民立第四女子学堂 090

4-24 天津府官立中学堂 091

4-25 耀华学校 091

4-26 赵天麟 091

4-27 马千里 092

4-28 私立河北中学 092

4-29 天津市立中学 092

4-30 直隶水产专门学校 093

4-31 天河师范学堂 093

4-32 天津市立师范学校 093

4-33 北洋女子师范学堂 094

4-34 河北省立第一女子师范学校外景 094

4-35 私立直隶法政学校校舍 094

4-36 北洋法政专门学堂 094

4-37 河北省立法商学院 095

4-38 法汉学校旧址 095

4-39 法汉学校新校舍 095	5-14 陈光远故居 108
4-40 圣功女中师生合影 096	5-15 李纯故居 109
4-41 汇文中学 096	5-16 李厚基故居 109
4-42 中西女中 096	5-17 卢永祥故居 109
4-43 麦诺斯特兄弟会学院 096	5-18 陆洪涛故居 110
4-44 私立天津寻常高等小学校 097	5-19 孙传芳故居 110
4-45 英文学校 097	5-20 张勋故居 110
4-46 圣约瑟女子学校 097	5-21 金邦平故居 111
4-47 天津工人工余补习学校师生合影 098	5-22 吴毓麟故居 111
4-48、49 安体诚 于树德 098	5-23 袁乃宽故居 111
4-50 平民学校旧址 098	5-24 关麟征故居 112
	5-25 汤玉麟故居 112
第五章 建筑篇	5-26 孙殿英故居 113
5-1 溥仪故居 104	5-27 张作相故居 113
5-2 载振故居（庆王府）......104	5-28 高树勋故居 113
5-3 那桐故居 105	5-29 吉鸿昌故居 114
5-4 徐世昌故居 105	5-30 霍元甲故居 114
5-5 曹锟故居 106	5-31 曾延毅故居 114
5-6 段祺瑞故居 106	5-32 张学良故居 115
5-7 龚心湛故居 106	5-33 张学铭故居 115
5-8 靳云鹏故居 107	5-34 张自忠故居 115
5-9 颜惠庆故居 107	5-35 范竹斋故居 116
5-10 张绍曾故居 107	5-36 李吉甫故居 116
5-11 顾维钧故居 107	5-37 李勉之故居 117
5-12 潘复故居 108	5-38 李叔福故居 117
5-13 蔡成勋故居 108	5-39 宋棐卿故居 117

5-40 孙季鲁故居 118

5-41 孙震方故居 118

5-42 吴颂平故居 118

5-43 章瑞庭故居 119

5-44 庄乐峰故居 119

5-45 李叔同故居 119

5-46 梁启超故居 120

5-47 徐世章故居 120

5-48 严修故居 120

5-49 周叔弢故居 121

5-50 德璀琳故居 121

5-51 纳森故居 121

5-52 石元仕故居（石家大院） 122

第六章　文化篇

6-1 水西庄 130

6-2 查日乾 130

6-3 《津门诗钞》 130

6-4 天津城南诗社 131

6-5 《海风》 131

6-6 黄白莹 131

6-7 李霁野 132

6-8 宫白羽 132

6-9 《时报》 132

6-10 《京津泰晤士报》 133

6-11 《国闻报》 133

6-12 《北洋官报》 134

6-13 《大公报》 134

6-14 《中国评论报》 134

6-15 《醒俗画报》 135

6-16 《庸言》 135

6-17 《言治》 135

6-18 益世报馆遗址 135

6-19 《华北明星报》 136

6-20 《国闻周报》 136

6-21 庸报报馆遗址 136

6-22 《北洋画报》 137

6-23 《机锅用法》 137

6-24 天津商务印书馆 137

6-25 天津中华书局 137

6-26 第一次播音时全体工作人员 138

6-27 英商赛马场 138

6-28 英国球房 138

6-29 法国球房 139

6-30 德国球房 139

6-31 意大利回力球场 139

6-32 英商乡谊俱乐部 139

6-33 民国国际运动场 140

6-34 天津河北体育场 140

6-35 霍元甲 140

6-36 曹金藻 140

6-37 "南开五虎" 140

6-38 天津市第一届女子运动会 141
6-39 1947年举办的天津秋季运动会 141
6-40 直隶图书馆 141
6-41 天津市第五通俗图书馆 142
6-42 天津市立图书馆 142
6-43 姚金绅 142
6-44 陈列室 143
6-45 北疆博物院 144
6-46 德日进 144
6-47 天津博物院 144
6-48 严智怡 144
6-49 天津博物院开放典礼 145
6-50 天津广智馆 145
6-51 林墨青 145
6-52 天津美术馆 146
6-53 严智开 146
6-54 天津日本教育博物馆 146

第七章　艺术篇

7-1 刘赶三 154
7-2 汪笑侬 154
7-3 李吉瑞 155
7-4 孙菊仙 155
7-5 袁克文 155
7-6 李金顺 155
7-7 尚和玉 155

7-8 刘翠霞 155
7-9 白玉霜 156
7-10 刘喜奎 156
7-11 金刚钻 156
7-12 李叔同 156
7-13 《仇大娘》剧照 156
7-14 《恩缘怨》剧照 157
7-15 张彭春 157
7-16 《到前线去》剧照 157
7-17 焦菊隐 157
7-18 曹禺 157
7-19 《雷雨》剧照 158
7-20 广东会馆戏楼舞台 158
7-21 刘宝全 158
7-22 白云鹏 158
7-23 常宝堃 158
7-24 天津地方民间曲艺"十不闲" 159
7-25 西洋乐队演出场景 159
7-26 天津广东音乐会音乐部 159
7-27 《秋庄夜雨读书图卷》 160
7-28 《水西庄图卷》 160
7-29 张和庵 161
7-30 查为义《兰竹轴》 161
7-31 查礼《梅花轴》 161
7-32 《五色牡丹图》 161
7-33 严修书法作品 161

7-34 赵元礼书法作品 ………………… 161

7-35 刘奎龄 …………………………… 162

7-36 《上林春色图》 …………………… 162

7-37 李叔同书法作品 ………………… 162

7-38 孟广慧书法作品 ………………… 162

7-39 华世奎 …………………………… 163

7-40 吴玉如 …………………………… 163

7-41 薜庐画社 ………………………… 163

7-42 城西画会 ………………………… 163

7-43 石挥 ……………………………… 164

7-44 中华戏院 ………………………… 164

7-45 帝国剧院 ………………………… 164

7-46 光明影院 ………………………… 164

7-47 奥林匹克剧院 …………………… 165

7-48 北洋戏院 ………………………… 165

7-49 杨柳青年画《同庆丰年》 ………… 165

7-50 张明山 …………………………… 165

7-51 "泥人张"杰出作品《钟馗嫁妹》 ………… 166

7-52 魏元泰 …………………………… 166

7-53 "风筝魏"的作品 ………………… 166

第八章 宗教篇

8-1 独乐寺 …………………………… 174

8-2 大悲禅院 ………………………… 174

8-3 莲宗寺 …………………………… 174

8-4 居士林 …………………………… 175

8-5 潮音寺 …………………………… 175

8-6 蜂山药王庙 ……………………… 175

8-7 海光寺 …………………………… 176

8-8 挂甲寺 …………………………… 176

8-9 清同治年间天津佛教庙宇分布图 … 176

8-10 天后宫 …………………………… 176

8-11 玉皇阁 …………………………… 177

8-12 三官庙 …………………………… 177

8-13 福寿宫 …………………………… 177

8-14 城隍庙 …………………………… 177

8-15 河神庙 …………………………… 178

8-16 吕祖堂 …………………………… 178

8-17 鲁班庙 …………………………… 178

8-18 关帝庙 …………………………… 178

8-19 大觉寺 …………………………… 179

8-20 火神庙 …………………………… 179

8-21 清真大寺 ………………………… 179

8-22 大口屯清真寺 …………………… 179

8-23 杨村清真寺 ……………………… 180

8-24 河西务清真寺 …………………… 180

8-25 望海楼天主教堂 ………………… 180

8-26 谢福音 …………………………… 180

8-27 义和团运动被烧毁的望海楼教堂 … 180

8-28 紫竹林天主教堂 ………………… 181

8-29 西开天主教堂 …………………… 181

8-30 杜保禄 …………………………… 181

8-31　法国天主教传教士在天津的传教活动 181

8-32　天主教方济格会圣心堂 182

8-33　天主教仁慈堂的修女与儿童在一起的合影 182

8-34　雷鸣远 182

8-35　桑志华 182

8-36　武清杨村大王庄天主教堂 183

8-37　武清小韩村天主教堂 183

8-38　宝坻大口屯天主教堂 183

8-39　蓟县敦庄子天主教堂 183

8-40　文贵宾 184

8-41　田耕莘 184

8-42　英国基督教圣道堂合众会堂 184

8-43　英国基督教圣公会安立甘教堂 184

8-44　基督教卫理公会（美以美会）维斯理堂 185

8-45　冈纬路教堂 185

8-46　仓门口教堂 185

8-47　20世纪40年代，由天津基督教青年会主办的

　　　集体婚礼 185

8-48　东正教堂 186

8-49　犹太教堂 186

8-50　日本神社 186

历史就像在雨中　　（后记一）

走在这个城市车水马龙的街头，我时常会陷入一种恍惚：我为什么会走在这里？这里发生过的一切和我有着怎样的关系？

我想每个人都会关注自己脚下的这片土地，只不过不同的人会选择不同的方式，而我们生活着的这座城市也正在用它的方式来吸引着我们的视线。随时崛起的高楼大厦，四处奔波的熙攘人群，永无倦怠的车辆以及越修越远的柏油公路，所有的一切都会明示给你：这座城市会有一个辉煌的未来。而我在这里只想告诉大家：这座城市也有一个辉煌的过去。

或许是一棵树，或许是一座桥，或许是书页中的一段往事，或许是茶楼中的一段小曲，城市里的某个角落总会有些牵绊将你缠绕，让你打开记忆的门，走进悠悠岁月，走进自己的童年。将这些所有的牵绊缠绕在一起，将这些所有的记忆之门一一打开，我相信沉浸在历史中的人，会具备飞鸟一样的气质，在高空俯瞰大地，轻盈地掠过时光荏苒。

天津不是一个多雨的城市，但我格外喜欢雨中的天津。每到这时，窗外湿漉漉的景致都会变得生动起来，雨水不但冲刷着城市里飘浮的尘埃，也把人们的生活节奏冲刷得慢了一些。街上的车子开得更慢了，人们的步伐更慢了，还有很多人站在廊檐下耐心地避雨。在高速运转快节奏的生活中，一切都仿佛一下子慢了下来，也朦胧了起来。我们每天见惯的街道与人群仿佛一下子也都变得陌生了，也不真实了。

在完成这本《故影遗存——图解天津人文史》的最后一稿时，欣逢初夏的一场急雨。望着窗外雨雾中的街衢，我突然有所感怀，一座城市的历史像极了它在雨中的样子。它是真实的，也是梦幻的；它是清晰的，也是朦胧的；它是亲切的，也是陌生的——观赏窗外这座雨中的城市就像观赏它的历史，看那些在雨中奔走的人们多么像那些史海过客。你处身其中，或许有焦急，有等待，有无奈，有抱怨，但对于隔着玻璃窗看风景的人来讲，你就是风景，你就是艺术。

对于能够静下来看这本书的读者，我希望我给你们提供了一扇玻璃窗，让你们在快节奏的生活中，能够慢下来，透过这扇窗望一望远方的这座城市。毕竟，我们还生活在这片景致里，而且最终也会成为这片景致的一部分，出现在别人的窗外——哪怕只是一片小树叶。

对于本书中的描述有不清晰甚至不准确的地方，还希望各位读者不吝赐教，帮我把这扇玻璃窗擦得更干净，让后来者看到的风景，比我们看到的更有光华，也算文者的欣慰。

白文源

（后记二）

当我为这本书的最后一段文字画上句号，在长舒出一口气后，身心似乎在骤然之间变得轻盈了许多。3年来所背负的甜蜜中掺杂着丝丝苦痛的负荷终于幻化成眼前这些饱含着深情的文字。我热爱脚下的这片土地，无论是她的过去、现在、还是将来。也正因为此，在我担任天津市文化局文物处处长的1000多个日日夜夜中，心头总挥之不去的是这片土地曾经经历的一切或沧桑或辉煌的过往，如今留存下的所有物质的、非物质的遗存以及正在以我不能察觉的速度与方式慢慢消亡的城市记忆。所以，每当夜幕降临，华灯初上，当坐车穿行在这座城市的大街小巷时，我时常会莫名的感伤，我想有一句诗最能代表我此刻的情绪："为什么我的眼中常含泪水？因为我对这土地爱得深沉！"

文物处的工作可以说让我在这3年中"痛并快乐着"。痛的是作为一个文化遗产保护工作者，我个人的能力在社会的变迁面前显得如此的渺小和微不足道！快乐的是因为这项工作，我有幸成为一个天津人文历史的认知者、见证者和亲历者。我是研究古代玉器的，历史学并不是我的主攻方向，然而在3年的文物处处长经历中，我获益匪浅。许多卓有建树的历史学家、古建学家、考古学家给予了我很多无私的帮助和指导，而我也在他们的言传身教下开始悉心做一个关注历史、研究历史的有心人。

这本书可以说是我对自己这段短暂但却丰富的工作、人生阅历的总结与回顾，目的是与所有与历史有缘、与我有缘的人共同分享。

泰戈尔说："天空没有翅膀的痕迹，但鸟儿已经飞过。"然而我终究做不到如此的超脱，所以当科学出版社对我发出诚挚的约稿时，我欣然应允，开始完整、理性地思考并整理这3年工作中所积累下来的东西，期待在历史的天空中留下我来过的痕迹。

在此书即将付梓之时，有很多人需要感谢。

感谢张志先生在百忙之中审阅了全部书稿并欣然为之作序；感谢我的好友、科学出版社的闫向东先生，没有他的鼓励和帮助，我想我很难如期完成书稿；感谢天津博物馆历史研究部、天津市文化遗产保护中心和涂小元先生、钱玲女士为此书所作的贡献。

白文源
2010年7月于天津博物馆